MEUBLES RÉCUPÉRÉS

MEUBLES RÉNOVÉS

Liz Wagstaff
et Mark Thurgood

Photographies de Debbie Patterson

Dessain et Tolra

À Jean et à Denis
pour leur soutien fidèle tout au long de la préparation de ce livre

p. 1 : *vernis craquelé et frise découpée pour cette petite armoire dont la porte a été remplacée par un store imprimé au pochoir (voir page 60).*
pp. 2-3 : *laque éclatante et garnitures chromées pour un meuble à tiroirs (voir page 56).*
p. 4 : *motifs au pochoir sur des chauffeuses en rotin (voir page 106).*
p. 5 : *échiquier doré sur une table ronde (voir page 75).*

L'éditeur ne peut être tenu pour responsable des blessures ou dégâts qui se produiraient malencontreusement au cours de la réalisation des projets décrits dans cet ouvrage. Lire attentivement les notices et modes d'emploi qui figurent sur les emballages des produits utilisés.

Édition originale
Titre original : *Furniture facelifts*

ISBN 1 8999 88 66 1
Imprimé et relié en Italie par Arnoldo Mondadori, Vérone

Édition française
Réalisation : Spiral Atelier Éditions ; traduction : Michèle Delagneau
Suivi éditorial : Corinne Booth et Spiral Atelier Éditions
Lecture : Youna Brésolin
Correction : Chantal Barbot
Coordination technique : Isabelle Goulhot
Direction éditoriale : Catherine Franck

Dépôt légal : février 1999
Imprimé et relié en Italie par Arnoldo Mondadori, Vérone
ISBN : 2-04-021837-8

SOMMAIRE

INTRODUCTION

À gauche : la spectaculaire peinture vieillie de ce bahut est une option quelque peu extrême, mais le vieillissement peut être plus discret. Pour obtenir un effet similaire, passez successivement du vert Nil, du gris et du vert sombre sur une base ocrée, en enduisant chaque couche de cire (voir page 144). Le ponçage sera plus ou moins poussé selon l'effet désiré.

L'ambition de cet ouvrage est de vous aider à composer un décor harmonieux, vivant et personnalisé à partir de ces meubles bas de gamme, dépareillés ou fatigués, sans valeur intrinsèque, qui encombrent les greniers et les remises de brocanteurs, voire les décharges publiques... Vous trouverez dans ces pages une foule d'idées astucieuses – à copier ou à interpréter – pour redonner une spectaculaire jeunesse à des pièces de mobilier que vous auriez jugées bonnes à mettre au rebut.

Souvenez-vous du nombre incalculable de fois où vous avez fait le tour des marchands de meubles sans jamais dénicher ce que vous cherchiez ! Tantôt c'étaient la forme et les dimensions qui ne convenaient pas, tantôt c'étaient les couleurs ou le style... Et quand, par exception, vous rencontriez la commode ou l'armoire de vos rêves, son prix prohibitif vous contraignait presque toujours à y renoncer !

Un professionnel de la décoration ne se laisse pas arrêter par ce genre d'obstacles, car il a acquis un sens de l'anticipation qui, joint à l'expérience, lui permet d'imaginer des solutions et de les visualiser – sans craindre de combiner des éléments différents et d'utiliser des matériaux insolites. J'ai ainsi réussi à « recycler » un énorme lit néogothique victorien, acheté à bas prix dans une vente sur un coup de folie... Pendant des années, j'ai été encombrée par cette monumentale relique, jusqu'au jour où, décidée à en finir, je l'ai parée d'incrustations d'argent (tout simplement de la peinture métallisée et patinée) et habillée de cotonnades claires et vaporeuses. L'effet a été magique : en un clin d'œil (et pour une somme minime) le monstre fin de siècle est devenu le pôle d'attraction d'un décor romantique !

Ce n'est qu'un exemple de ce que l'on peut obtenir avec plus d'imagination que d'argent... Plus le meuble est banal, plus la métamorphose doit être radicale. À notre époque prosaïque et utilitariste où le plus grand nombre se voit contraint de vivre dans des volumes habitables limités au strict

Ci-dessous : tons de paille pour un humble garde-manger rustique ennobli par un fronton découpé dans du médium et par deux moulures horizontales. Finition bicolore rehaussée par un glacis plus foncé (voir page 147).

Rutilante palette de couleurs et rustiques poignées de corde ont radicalement métamorphosé un petit meuble de bois blanc sans charme ni style, qui semble baigner dans un arc-en-ciel... Pour ce décor étonnamment harmonieux, nous avons tout bonnement reproduit, au moyen de larges touches de couleurs acryliques savamment irrégulières, la gamme entière du spectre solaire. Mais vous pouvez vous borner à deux sections du spectre, le travail sera plus simple et le coût moindre.

minimum, il est plus que jamais important de préserver la part du rêve. Et, pour que ce rêve devienne réalité, vous verrez qu'il suffit souvent d'un peu de peinture, de vernis et de colle, d'une scie, de quelques vis et de deux ou trois planches.

L'inspiration est facile à trouver : dans les magazines, chez les antiquaires, dans les boutiques de décoration, dans les livres d'art, dans les musées et jusque sur les écrans de cinéma et les scènes d'opéra... Dans ce domaine, le plagiat est permis – et même conseillé –, et l'éclectisme est de mise. Ne vous croyez donc pas obligé de suivre rigoureusement les canons d'un style, mélangez les époques pour composer une ambiance et simplifiez allégrement les détails.

Reste à trouver les meubles qui serviront de « supports » à vos idées... Le principal est de ne pas vous décourager trop vite. D'abord, dites-vous bien que toute surface, tout matériau, peut se peindre (si on emploie l'apprêt qui convient). Paré de couleurs sophistiquées et de poignées élé-

gantes, le plus désolant des buffets en Formica peut devenir un chef-d'œuvre digne d'un grand designer ! Sachez ensuite que les proportions et les formes ne sont pas immuables : un meuble sans style et sans forme peut reprendre vie grâce à de nouveaux pieds (ou à des roulettes), à quelques moulures ou à une frise de bois découpé.

Commencez par faire l'inventaire de ce que vous possédez déjà : les éléments de cuisine peu enthousiasmants dont vous avez hérité en emménageant, la commode achetée sur un coup de tête et qui, en définitive, ne vous plaît pas du tout, la table trop grande pour votre nouvelle entrée sont peut-être à considérer en priorité. Et si des amis vous proposent des meubles dont ils n'ont plus l'usage, réfléchissez à deux fois avant de refuser ou de les reléguer au grenier.

Ne vous laissez pas non plus emporter par un zèle intempestif et sachez refréner vos envies de transformation face à des meubles de valeur : l'authentique secrétaire Empire ou la superbe commode provençale qui vous viennent de votre grand-mère n'ont rien à gagner à une

À gauche : illuminant une entrée ou un coin un peu terne, cette monumentale armoire à la patine vieil argent (voir pages 35 et 168) est un véritable catalogue de l'imaginaire décoratif. Au départ, la forme la plus basique qui soit, structurée et rythmée par des moulures et des ornements qui sont disponibles dans les magasins de bricolage. Une peinture ivoire ou beige rosé, délicatement ombrée, donnera une impression moins théâtrale.

Ci-contre : deux belles réussites dans le goût néofolklorique, qui témoignent d'un sens aigu des couleurs et qui font appel à des matériaux insolites. Découpages (voir page 160) pour le paravent à cadre en bois, et patchwork de tissus imprimés et unis, simplement découpés et collés, pour le fauteuil. On admirera la touche finale : des boutons aux couleurs assorties cousus sur les accoudoirs et sur les pieds.

Coup de baguette magique sur des éléments de cuisine disgraciés, au triste Formica beige, grâce à des peintures pour carrosseries en aérosol (voir page 89). Bordures et boutons chromés parachèvent la cure de jouvence.

« modernisation ». Pour ne pas commettre d'erreur irréparable, écartez d'autorité tout meuble en parfait état et ayant encore bonne allure (s'il ne vous plaît pas, il peut faire le bonheur d'un autre).

Si, décidément, aucun de vos meubles ne vous inspire, prospectez les petites salles des ventes et les brocantes, en sachant que vous subirez la loi du marché. En supposant que vos recherches soient à contre-courant de la mode, vous avez des chances de bénéficier de prix intéressants. La situation géographique joue aussi son rôle ; ainsi un meuble rustique sera plus cher dans une région où abondent les résidences secondaires et les fermettes restaurées que dans une grande ville. Lors de vos déplacements, essayez de vous procurez les calendriers des manifestations régionales : les journées vide-greniers, qui se multiplient un peu partout, vous permettront certainement de dénicher de quoi exercer vos talents sans dépenser des sommes folles. Pensez aussi aux dépôts-ventes, où l'on peut réaliser de véritables bonnes affaires, ou encore aux journaux d'annonces. Une autre piste à suivre est celle des centres de bricolage, surtout au moment des soldes : vous y trouverez des petits meubles en bois blanc prêts à peindre (pas de décapage préalable !) à des prix imbattables, dont les formes basiques se prêtent à toutes les interprétations.

Le vrai secret, c'est de savoir attendre et de saisir l'occasion au vol lorsqu'elle se présente. Vous vous trouvez alors dans la situation de l'artiste devant sa toile blanche. Ces pages n'ont d'autre prétention que de vous suggérer des thèmes...

PREMIÈRE PARTIE

PRÉPARATION

Tout ce que vous devez savoir sur les outils, le matériel et les produits qui vous seront nécessaires pour réparer, transformer et embellir vos meubles, ainsi que sur les diverses techniques de préparation des surfaces, en fonction des matériaux et de leur état.

Des lignes sinueuses comme des vagues et une mosaïque qui évoque la fraîcheur des patios et des fontaines : deux idées intéressantes à glaner dans cette cuisine à la fois intemporelle et futuriste. La bordure sinueuse de la table, découpée dans un contreplaqué mince mis en forme et collé, trouve son rappel dans la frise du meuble-évier, aux couleurs également aquatiques (à faire couper dans un latté rigide). On remarquera aussi l'association insolite des dalles de grès et du parquet de bois blond – une bonne idée pour délimiter un coin cuisine dans une pièce ancienne.

NETTOYAGE ET PONÇAGE

Vous avez hâte de faire œuvre créative, mais l'idée la plus géniale sera gâchée si vous peignez, vernissez ou décorez une surface insuffisamment ou mal préparée. Ce n'est certes pas l'étape la plus gratifiante de vos travaux (lessiver, décaper ou poncer n'a rien d'enthousiasmant), mais elle est essentielle pour la réussite de vos projets.

Des meubles ayant séjourné dans un grenier ou une remise de brocanteur ont toutes chances d'être poussiéreux et encrassés. Il vous faudra donc commencer par un sérieux nettoyage, si possible à l'extérieur. Un coup de brosse métallique ou de brosse en chiendent éliminera à sec le plus gros des salissures. Le lessivage viendra ensuite.

N'oubliez pas les accessoires de protection – et n'écoutez pas les bricoleurs soi-disant expérimentés qui prétendent s'en passer ! Lunettes et masque sont indispensables contre les fines particules dégagées par le ponçage et contre les émanations toxiques des solvants et décapants chimiques. Sachez qu'un masque en papier, suffisant contre la poussière, ne vous protégera pas des vapeurs nocives. Un modèle conforme aux normes de sécurité sera en outre préférable.

PROTECTION
Si vous travaillez à l'intérieur, protégez vos sols, vos murs et votre mobilier des éclaboussures. N'oubliez pas un tablier ou une blouse pour vous-même ! Vous trouverez dans les centres de bricolage des bâches de toutes tailles, en tissu ou en plastique (attention aux poches de liquide traîtresses sur ces dernières). Pour décaper, prenez des gants spéciaux, résistants aux acides et aux solvants, et, pour les travaux délicats, des gants en latex ultrafins.

NETTOYAGE
ET PONÇAGE

Vous possédez déjà dans votre cuisine le matériel de base : cuvette, éponges, tempons abrasifs, chiffons. Un conseil, ne jetez jamais les chemises en coton et les draps usagés : une fois découpés, ils feront d'excellents chiffons non pelucheux ! Économique et peu moussante, la solution de cristaux de soude dégraisse efficacement et est plus facile d'emploi qu'un détergent – ce qui ne vous dispense pas de bien rincer.
Le papier de verre est, lui aussi, bon marché, mais il s'encrasse vite et ne s'emploie qu'à sec, produisant donc des poussières – non sans danger s'il s'agit de vieilles peintures pouvant contenir du plomb. La toile émeri et le papier abrasif au carbure de silicium, qui s'utilisent mouillés, n'ont pas cet inconvénient.
Sur le métal ou le plastique, la laine d'acier, imprégnée de white-spirit, nettoie sans rayer tout en matifiant le fond et donne une meilleure accroche à la sous-couche. Pour éliminer vernis et vieilles peintures, on préférera le décapant en gel ou en pâte aux liquides, qui peuvent faire gondoler le bois.

PETITES RÉPARATIONS

N'entreprenez pas de rénover un meuble totalement disjoint ou par trop vermoulu : vous perdriez votre temps, pour un résultat peu satisfaisant. Mais un pied branlant se répare, un fond de tiroir se remplace, et vous découvrirez page 60 qu'une armoire dont la porte a rendu l'âme peut encore servir... De même, éraflures, trous et fissures se camouflent aisément, à moins que vous ne souhaitiez mettre en valeur la patine du temps (vous trouverez dans la troisième partie un mode d'emploi des diverses techniques de vieillissement). Avant la première couche d'apprêt ou de peinture, examinez bien toutes les surfaces pour détecter d'éventuels petits trous ronds faits par les vers, et injectez-y un produit spécial.

REBOUCHER TROUS ET FISSURES

Bois massifs et bois composites

Appliquez généreusement du mastic à bois au couteau, de haut en bas. Éliminez l'excédent et lissez pour rendre le ponçage plus aisé (sur des rayures peu profondes, passez de l'enduit gras).

Lamifiés

Colmatez les éclats et les fentes avec du mastic spécial pour carrosseries, que vous appliquerez à la spatule d'un mouvement croisé, ce qui a pour effet de consolider et de lisser la surface.

RECOLLER UN LAMIFIÉ GONDOLÉ

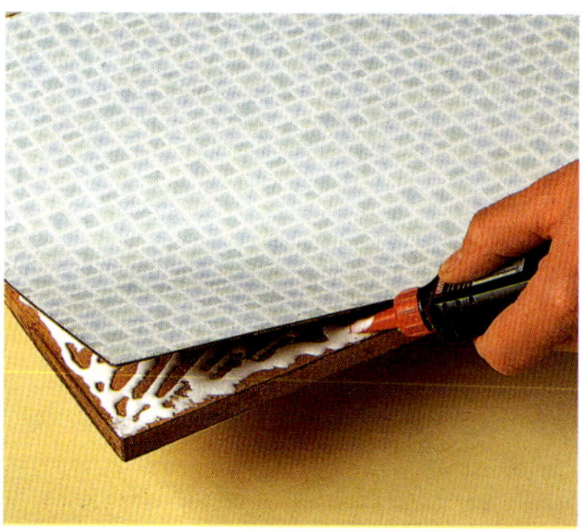

1 Étendez de la colle à bois blanche sur la base, en ayant soin de bien couvrir toute la surface.

Note S'il s'agit de poser un revêtement de lamifié neuf, utilisez de la colle contact Néoprène, en encollant les deux faces (voir page 27).

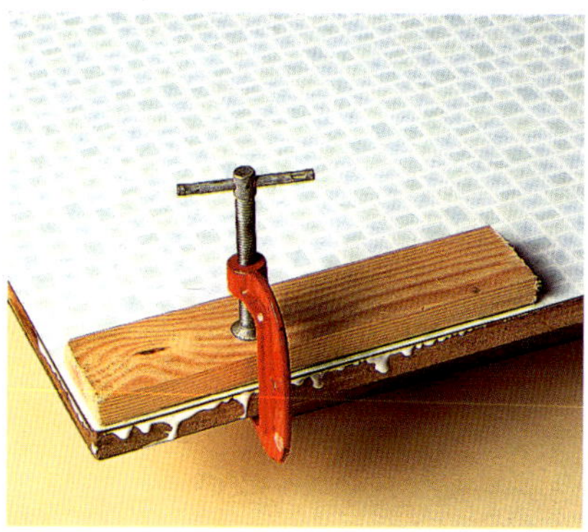

2 Maintenez l'ensemble bien à plat avec un ou plusieurs serre-joints, en ayant soin d'intercaler une petite latte pour protéger le lamifié. Essuyez avec un chiffon l'excédent de colle et laissez sécher le temps indiqué (de 12 à 24 heures).

CONSOLIDER UN PIED BRANLANT

Cherchez le point faible – Il s'agit certainement d'un joint d'angle – et forez quatre avant-trous, deux sur chacune des deux faces extérieures du montant. Chaque trou devra se trouver à une hauteur différente, de manière que les vis traversent le montant pour mordre dans la face opposée du cadre. Enfoncez les vis à fond et masquez les têtes avec du mastic ou de la pâte à bois.

ENLEVER LES VIEUX CLOUS

Clous sans tête

Placez une plaque de bois pour protéger la surface et faire point d'appui. Tordez le clou avec un marteau à panne fendue et tirez-le avec les tenailles alternativement jusqu'à ce qu'il cède.

Clous à tête

Bloquez la tête du clou dans la fente du marteau en protégeant la surface avec une plaque de bois comme précédemment.Tirez fermement en balançant le marteau pour faire levier.

REMPLACER DES CHARNIÈRES

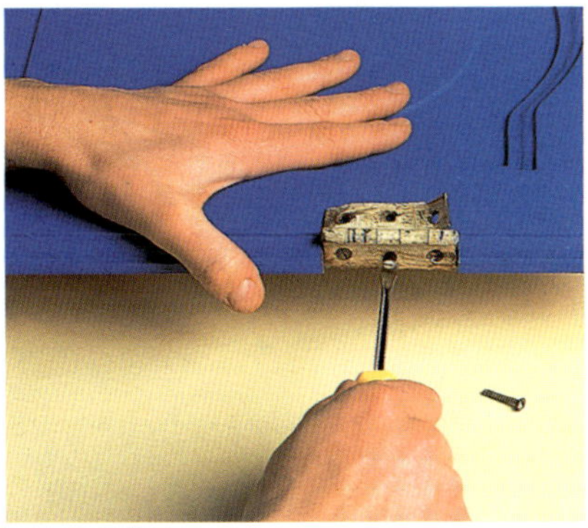

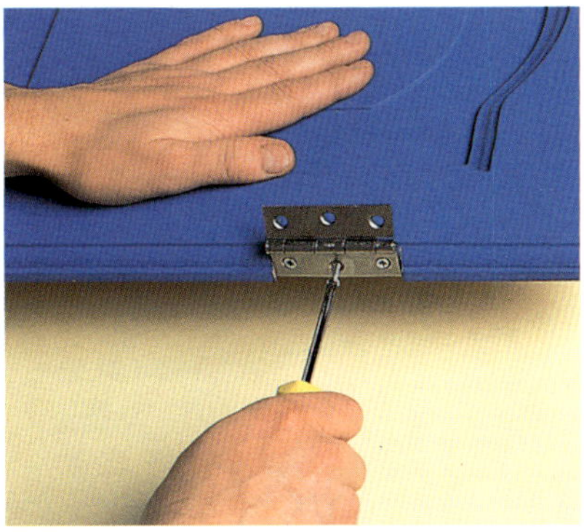

1 Dévissez avec précaution pour ne pas endommager le bois. Retirez vis et charnières.

2 Vissez les charnières neuves, en vous servant des trous existants (s'ils sont trop larges, calez avec un petit tampon). Les têtes ne doivent pas dépasser, sinon la porte se faussera. Pour renforcer la charnière, prenez des vis de calibre supérieur (attention, elles seront aussi plus longues).

PRÉPARATION DES SUPPORTS

Vous trouverez ci-dessous une liste des matériaux les plus usuels (si vous ne trouvez pas celui que vous cherchez, demandez conseil à un droguiste). Sur du bois neuf, pensez à obturer les nœuds avec un fixateur ou un bouche-pores (sinon, des taches plus foncées risquent de remonter à la surface). Sur les bois résineux, essayez toutefois d'éviter les sections riches en nœuds, difficiles à neutraliser.

SUPPORT	NETTOYAGE ET DÉGRAISSAGE	RÉPARATIONS ET REBOUCHAGE	REMISE EN ÉTAT ET PONÇAGE après réparations et transformations	APPRÊT ET SOUS-COUCHE D'IMPRESSION
BOIS **Peint** émulsion vinylique ou peinture à l'huile (traditionnelle ou glycérophtalique) **Scellé** avec fixateur ou bouche-pores à base d'adhésif vinylique **Ciré**	Frottez avec une solution de cristaux de soude ou une lessive spéciale pour peinture (lessive Saint-Marc concentrée ou Oxydrine), en vous servant d'un chiffon non pelucheux. Rincez et laissez bien sécher.	Reconstituez les sections manquantes des moulures avec de la pâte à bois. Rebouchez les fentes et les trous avec du mastic à bois.	**Supports en bon état** Émulsion vinylique, bouche-pores, cire : poncez au papier de verre fin pour que la peinture accroche. Peinture à l'huile : utilisez un papier abrasif mouillé, puis finissez à sec. **Supports dégradés** Grattez les parties écaillées ou cloquées. Si la vieille peinture résiste, utilisez un décapant en gel.	**Surfaces cirées** Frottez légèrement la surface au savon de Marseille et reportez-vous ci-après. **Fonds en bon état** Peignez directement. **Fonds inégaux** Passez sur les parties mises à nu une sous-couche adaptée à la finition : impression acrylique pour bois ⓔ (séchage 2 heures) ; glycérophtalique ⓗ (séchage 16 heures).
Vernis	Passez à la brosse en chiendent et lessivez comme indiqué ci-dessus.	Voir ci-dessus.	**Fonds en bon état** Voir bois peint. **Fonds inégaux** Si le vernis s'écaille ou est trop abîmé, enlevez-le avec un décapant spécial.	Voir ci-dessus (fonds en bon état et fonds inégaux).
Brut	Nettoyez avec un chiffon humide. Évitez le lavage à grande eau qui peut faire gondoler le bois.	Mastic à bois ou reboucheur universel. **Bois neuf** Scellez les nœuds avec un bouche-pores pour éviter les suintements.	Poncez au papier de verre moyen pour obtenir un fini bien lisse.	Sous-couche adaptée au type de peinture, acrylique ⓔ ou glycérophtalique ⓗ (voir temps de séchage ci-dessus).
MÉDIUM **Peint**	Voir bois peint.	Mastic à bois ou reboucheur universel.	Poncez au papier de verre fin pour que la peinture accroche.	Voir ci-dessus (fonds en bon état et fonds inégaux).
Brut	Voir bois brut.	Voir ci-dessus.	Passez au papier de verre fin sans trop insister : le ponçage ne rend pas le médium plus lisse.	Apprêt avec sous-couche adaptée : acrylique spéciale pour bois ⓔ, émulsion vinylique ⓔ (séchage 2-3 heures) ou glycérophtalique ⓗ.
CONTREPLAQUÉ ET MULTIPLIS **Peint**	Voir bois peint.	Voir ci-dessus.	Poncez au papier de verre fin pour que la peinture accroche.	Voir médium peint.

- Après ponçage, nettoyez à nouveau à l'eau tiède savonneuse, puis à l'eau claire avec un chiffon non pelucheux.
- Portez un masque pour poncer ou si vous utilisez des décapants ou solvants chimiques (veillez aussi à bien ventiler la pièce).

SUPPORT	NETTOYAGE ET DÉGRAISSAGE	RÉPARATIONS ET REBOUCHAGE	REMISE EN ÉTAT ET PONÇAGE après réparations et transformations	APPRÊT ET SOUS-COUCHE D'IMPRESSION
CONTREPLAQUÉ ET MULTIPLIS Vernis	Voir bois verni.	Voir médium peint.	Voir contreplaqué peint.	Voir bois peint (fonds en bon état et fonds inégaux).
Brut	Voir bois brut.	Voir ci-dessus.	Voir ci-dessus.	Voir bois brut.
AGGLOMÉRÉS ET PANNEAUX DE FIBRES Plaqués bois	Se reporter aux différentes finitions du bois.	Voir ci-dessus.	Voir ci-dessus.	Se reporter aux différentes finitions du bois.
Mélaminés (mats, brillants, unis ou décor bois)	Lessivez avec un chiffon non pelucheux. Rincez et laissez sécher.	Voir ci-dessus.	Voir ci-dessus.	Voir bois brut.
ISOREL Peint	Voir médium peint.	Voir médium peint.	Voir médium peint.	Voir médium peint.
LAMIFIÉS, STRATIFIÉS ET PLASTIQUES	Lessivez avec une solution de cristaux de soude ou passez au white-spirit. Laissez sécher.	Rebouchez les trous et fentes avec du mastic spécial pour carrosseries.	Frottez au papier abrasif (mouillé puis sec) pour donner une meilleure accroche à la peinture.	Voir bois brut.
MÉTAUX FERREUX (fer, acier, fonte, fer étamé) **Bruts**	Frottez à la laine d'acier imprégnée de white-spirit. **Surfaces très rouillées** Grattez à la brosse métallique, puis procédez comme indiqué ci-dessus.	Voir ci-dessus.	Voir ci-dessus.	Primaire pour métal ⓗ (séchage 12 h).Sous une couleur foncée : primaire à l'oxyde de zinc rouge ⓗ (séchage 16 h). Sous-couche acrylique avant une émulsion à l'eau.
Laqués, peints ou plastifiés	**Fonds en bon état** Lessivez. **Fonds dégradés** Ôtez la vieille peinture avec un décapant chimique.	Voir ci-dessus.	Voir ci-dessus.	**Fonds en bon état** Peindre directement. **Fonds dégradés** Voir ci-dessus.
MÉTAUX NON FERREUX (aluminium, chrome, étain, zinc, etc.)	Frottez au tampon abrasif imprégné de white-spirit ou d'alcool à brûler, lessivez avec un détergent et laissez longuement sécher.	Voir ci-dessus.	Voir ci-dessus.	Primaire pour métal ⓗ (séchage 12 h). Complétez avec une sous-couche acrylique avant une peinture à base aqueuse.
ROTIN, OSIER, JONC, PAILLE ET AUTRES MATÉRIAUX TRESSÉS	Nettoyez avec une solution de cristaux de soude en frottant doucement avec un chiffon non pelucheux et en ayant soin de ne pas détremper. Laissez longuement sécher.	Adressez-vous à un spécialiste.	**Supports peints ou vernis** Frottez délicatement avec de la laine d'acier ou un papier de verre ultrafin pour donner plus d'accroche à la peinture. **Supports bruts** Ponçage inutile.	**Supports peints** Apprêt avec une couche d'impression universelle ⓔ ou avec une sous-couche spéciale bois ⓔ. **Supports bruts** Peignez directement.

ⓔ = à base aqueuse ⓗ = à l'huile. Utilisez apprêts et sous-couches à l'eau avant une peinture à l'eau, apprêts et sous-couches à l'huile avant une peinture à l'huile.

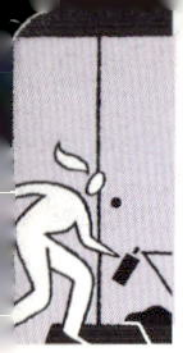

MATÉRIAUX

Pour toutes les réalisations proposées dans ces pages, nous avons employé des matériaux courants, que vous trouverez facilement dans les surfaces de bricolage et les comptoirs de bois à la coupe. Les bois et les composites à base de bois sont disponibles dans des qualités et des épaisseurs différentes, et nous indiquons dans chaque cas celles qui nous semblent le mieux adaptées à la finition décorative et à la fonction du meuble – à vous de choisir en fonction de vos besoins spécifiques.

Nous avons personnellement une prédilection pour le médium, aggloméré de moyenne densité constitué de fibres de bois très fines, liées par des résines synthétiques, de la cire et du formaldéhyde. Sa surface est si lisse et si douce que c'est un plaisir de peindre ! Il se découpe très facilement et sans effilochures à la scie à main, mais produit une sciure impalpable qui est toxique, ce qui rend le port d'un masque indispensable (voir page 12). Fort heureusement, le médium n'a pas besoin d'être poncé (au contraire, le ponçage lui donne de la rugosité) – c'est ce qui le fait tant apprécier des bricoleurs débutants.

MÉDIUM (à gauche) ET CONTREPLAQUÉ
Avec son grain fin et sa tranche lisse, le médium est parfait pour une finition laquée. Très résistant, le contreplaqué a une meilleure élasticité et est disponible en différentes structures et épaisseurs. À la différence du médium, il peut être simplement vernis. Mince et flexible, le contreplaqué marine convient aux surfaces courbes.

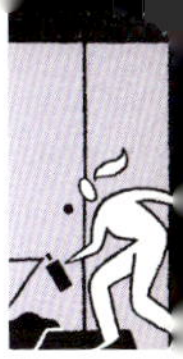

TRAVAIL DU BOIS MASSIF ET DES BOIS COMPOSITES

Panoplie de protection
- Lunettes de protection
- Masque conforme aux normes de sécurité
- Gants et manches longues pour les peaux sensibles

Travaillez à l'extérieur ou dans un local bien ventilé
- Recouvrez le sol et les meubles avec des bâches
- Ne travaillez jamais près d'une flamme ou d'une source de chaleur

Enfermez les déchets dans des sacs étanches
- Humectez le sol avec un vaporisateur
- Balayez soigneusement
- Passez l'aspirateur

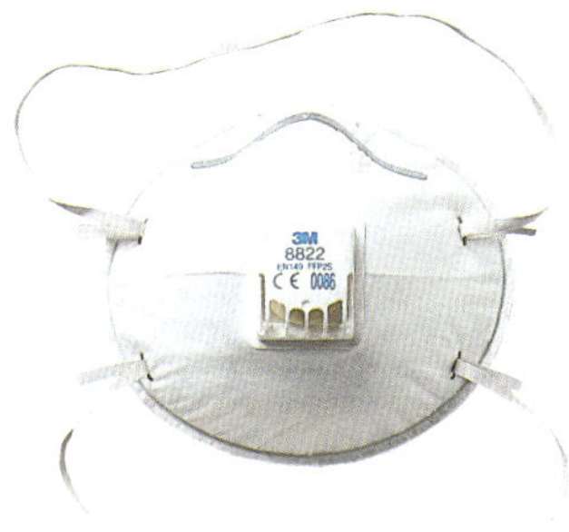

Vérifiez le label de sécurité du masque.

LATTES ET TASSEAUX
À section carrée ou rectangulaire, sont disponibles dans de très nombreuses dimensions. Usages multiples : supports d'étagères, renforts des assemblages cloués et collés ; s'utilisent aussi pour recouvrir la tranche des agglomérés et des lattés. En section quart de rond, servent à l'encadrement des vitres.

BAGUETTES ET JONCS
Très pratiques pour les tringles à rideaux ou les colonnes de lit (voir page 130). Généralement disponibles de 6 mm à 25 mm de diamètre en bois dur. Dimensions supérieures en bois tendre. Sciés en rondelles, ils peuvent également servir à tamponner des trous de vis (voir page 15).

QUEL BOIS CHOISIR ?

BOIS TENDRES	BOIS DURS
Conifères Pin Sapin Épicéa	**Feuillus** Hêtre Acajou Chêne Ramin Teck
Description • S'écrasent facilement (peinture et vernis accroissent la résistance) • Le bois brut noircit assez vite à la lumière • Disponibles dans une large gamme de dimensions	**Description** • Plus durables (bonne résistance aux chocs), supportent des charges plus lourdes sans plier • Sauf en moulures, disponibles en magasin spécialisé
Caractéristiques techniques • Ponçage facile • Les nœuds doivent être obturés avant de peindre (voir p. 16) • Collage, vissage et clouage faciles – avant-trous à la vrille • Se teintent et se vernissent facilement	**Caractéristiques techniques** • Collage facile • Vissage plus difficile – forez des avant-trous • Clous déconseillés (échardes) – avant-trous indispensables • Belle finition cirée ou vernie

FRISES
Le plus souvent en médium, les frises se vendent elles aussi au mètre et sont très faciles à couper à la longueur voulue avec une scie à main. Si vous voulez trouver un large choix, il vous faudra aller chez un spécialiste du bois à la coupe. Les frises ajoutent une note folkorique au meuble le plus banal et font de jolies bordures d'étagères. Toutes les peintures leur conviennent.

MOULURES
De la plus sobre à la plus tarabiscotée, elles existent dans tous les styles ! Les moulures s'emploient comme bordures ou pour créer des panneaux sur des portes planes. Combinées entre elles, elles peuvent restructurer complètement un meuble (voir page 8). Elles se vendent au mètre dans les surfaces de bricolage et aussi chez les encadreurs. Les moulures en bois dur (chêne, acajou, etc.) sont plus chères ; si elles doivent être peintes, du sapin suffira.

LE MÉTAL : FEUILLES, GRILLAGES, TREILLIS
Vendu en rouleaux et très bon marché, le « grillage à poules » peut donner un relief intéressant avec une peinture métallisée (en bombe). Les centres de bricolage proposent des treillis décoratifs à mailles plus ou moins fines (vendus au mètre ou au panneau), et on en trouve aussi dans les Jardineries. Vendues à l'unité, les feuilles de zinc ou d'étain s'appliquent sur différentes surfaces, et un simple poinçon suffit pour obtenir de beaux effets de métal repoussé. On peut les matifier (voir l'échantillon le plus sombre) avec un tampon de laine d'acier imprégné de white-spirit.

POSER UNE BORDURE ADHÉSIVE

1 Dégagez délicatement la bande adhésive de son support de papier sur quelques centimètres et appliquez-la sur la tranche en appuyant fermement. Continuez à dérouler : une main tire sur le rouleau et l'autre appuie sur la bande adhésive. Dégagez le papier à mesure.

2 Une fois toute la bordure appliquée, coupez au ciseaux à joints vifs. En vous servant du manche d'un outil ou d'un quelconque objet au bout arrondi, lissez doucement sur toute la longueur afin de chasser les minuscules bulles d'air qui pourraient subsister.

COUPER LE BOIS

LA PANOPLIE
Scie à dos pour la précision de la coupe et le confort d'utilisation ; ciseau à bois pour creuser et évider ; petite boîte à onglets pour la coupe des moulures et des baguettes et pour des assemblages en biseau parfaits ; scie sauteuse électrique avec un choix de lames pour le bois et le métal ; assortiment de serre-joints pour fixer fermement les planches à scier et presser les surfaces encollées.

Les bricoleurs chevronnés ne découvriront peut-être rien de bien neuf dans ces pages... Elles s'adressent plutôt aux novices qui souhaitent se familiariser avec le matériel et les techniques de base du travail du bois et qui, dans un premier temps, bornent leurs ambitions à la découpe de quelques planches – ce qui leur suffira dans bien des cas.

La scie à main est présente dans la plupart des boîtes à outils ; elle a en tout cas l'avantage d'être bon marché. Une scie sauteuse est déjà un investissement (vous pouvez toutefois la louer à la journée, ce qui vous permettra de la tester), mais vous ne le regretterez pas si vous devez couper de longues sections de médium ou de stratifié. Une fois accoutumé à son maniement et mis en confiance, vous réussirez sans effort les découpes plus complexes. Si vous n'avez pas la possibilité d'installer chez vous un petit atelier, un établi pliant multi-usages vous rendra bien des services. Vous disposerez ainsi d'un plan de travail stable sur lequel vous pourrez fixer solidement les pièces à scier et à percer. Mais mieux vaut poser sur le sol les planches de grandes dimensions, en les surélevant sur des tasseaux parallèles au trait de coupe (assurez-vous que vous n'avez rien laissé dessous).

SCIE ÉLECTRIQUE ET SCIE À MAIN

Reportez-vous pages 19 et 29 pour les précautions à observer. Ne travaillez jamais dans un espace trop étroit ou encombré (vous devez garder toute votre liberté de mouvements). Placez les câbles et fils électriques à distance de la scie. Vérifiez que tous vos outils sont en état de marche et, si vous utilisez des serre-joints, assurez-vous qu'ils sont solidement fixés. Vérifiez également que les traits de coupe sont bien d'équerre. Les lamifiés se coupent sur l'endroit avec une scie à main ; à l'inverse, si vous utilisez une scie sauteuse, tracez le trait de coupe sur l'envers.

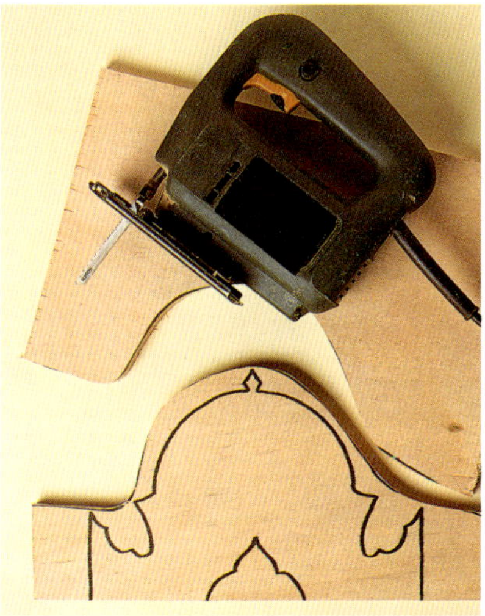

Découpe de formes irrégulières
Éliminez d'abord l'excédent de bois à grands traits de scie pour dégager le motif à découper, puis attaquez-vous aux détails. Ces conseils valent aussi pour la scie à guichet manuelle.

Découpe précise
Tracez la ligne de coupe au crayon gras ou au crayon de charpentier et sciez juste à l'extérieur du trait. Si vous coupez au milieu du trait, la planche sera légèrement trop courte.

La scie à dos
Cette courte scie droite à lame rectangulaire se contrôle mieux que la longue égoïne flexible. Elle permet des coupes bien nettes sur le contreplaqué, les stratifiés et les panneaux de fibres. C'est pourquoi nous la recommandons aux débutants qui veulent acheter une scie à main. Pour entamer la planche, empoignez la scie fermement, en étendant l'index sur le dos de la lame, que vous positionnerez à l'extérieur du trait de coupe (voir ci-contre et ci-dessus). Donnez-lui un peu de recul pour mieux assurer les dents avant de commencer à scier.

TRAVAILLER LE MÉTAL

L'art populaire a de tout temps utilisé les incrustations et les placages de métaux non précieux pour agrémenter meubles et objets usuels. Aujourd'hui, ce sont les métaux « utilitaires » (acier, fer galvanisé, zinc) qui connaissent chez nous une vogue sans précédent dans le sillage de l'art brut et du style « années cinquante », tandis que l'étain et le cuivre, hier démodés, sont redécouverts. La technique la plus simple est celle du métal repoussé : il suffit d'un marteau et d'un petit chasse-clou – et les autres outils de base sont peu sophistiqués (voir également page 40). Pour les fixations à la colle, se reporter au tableau de la page 27.

LA PANOPLIE
Rouleau de plastique adhésif pour recouvrir les arêtes coupantes ; pistolet agrafeur pour fixer grillage ou tissu ; gants en coton contre la graisse ; griffe – ou pointe à tracer – pour des cassures nettes (au centre) ; chasse-clou (ou pointeau) et marteau pour repousser le métal ; ciseau à froid pour marquer les plis dans le zinc (voir page ci-contre) ; robustes cisailles pour couper métal et grillage ; scie à métaux ; maillet en caoutchouc pour adoucir les arêtes.

FAÇONNER ET PLIER LE ZINC

1 Contrairement au fer, le zinc ne se plie pas aisément. Si l'on veut gainer un plan de travail ou des portes, il faut mettre le métal en forme avant de le fixer. Après avoir supprimé toute double épaisseur en retaillant les angles et émoussé les bords avec un maillet en caoutchouc, placez une règle métallique le long de chacune des futures pliures. Entamez très légèrement le zinc sur cette ligne avec une griffe (exercez-vous auparavant sur des chutes, car, si vous exercez une pression trop forte, le métal se coupera).

2 En tenant le ciseau à froid par le milieu, posez-le bien à la verticale sur l'une des lignes gravées et frappez sur le manche avec le marteau. Recommencez tout au long de la ligne de pliure.

3 Retournez la plaque de zinc et positionnez-la sur le support. En vous servant d'un tasseau de bois pour amortir les chocs, faites plier le métal en le martelant : l'arête se formera sur la ligne ainsi marquée.

RÈGLES DE SÉCURITÉ POUR LE TRAVAIL DU MÉTAL

- Ne travaillez jamais sans lunettes de protection
- Les bords des feuilles de métal sont tranchants – recouvrez-les de plastique adhésif
- Ne refermez pas les lames des cisailles à fond lorsque vous coupez du métal
- Mettez des gants épais (gants de jardinage) pour couper du grilllage
- Avec des tenailles, rabattez les fils de fer sur les bords du grillage pour éviter les égratignures
- Marquez l'emplacement du trou avec une pointe et un marteau avant de percer
- Fixez un morceau d'adhésif sur le métal avant de forer pour que la mèche ne dérape pas
- Une fois l'ouvrage terminé, poncez ou limez les bords pour les émousser

ASSEMBLAGE - 1

Les vis, vendues à la boîte ou au poids (ce qui est nettement plus avantageux), sont calibrées selon leur longueur, mais aussi en fonction de leur diamètre, et il existe en général plusieurs longueurs par diamètre. Plus la vis est grosse, plus la fixation sera solide. Les plus communément utilisées sont les vis en acier de qualité standard, à tête fraisée plate, qui conviennent pour tous les assemblages bois sur bois et métal sur bois. Vous les choisirez à fente simple ou à empreinte cruciforme, suivant le tournevis ou l'embout visseur-dévisseur que vous utilisez. Cette tête fraisée en forme de cône inversé est conçue pour pénétrer entièrement dans le bois, de manière à ne pas faire saillie. Vous devrez donc dans la plupart des cas forer des avant-trous pour éviter que les fibres de bois n'éclatent en endommageant la surface.

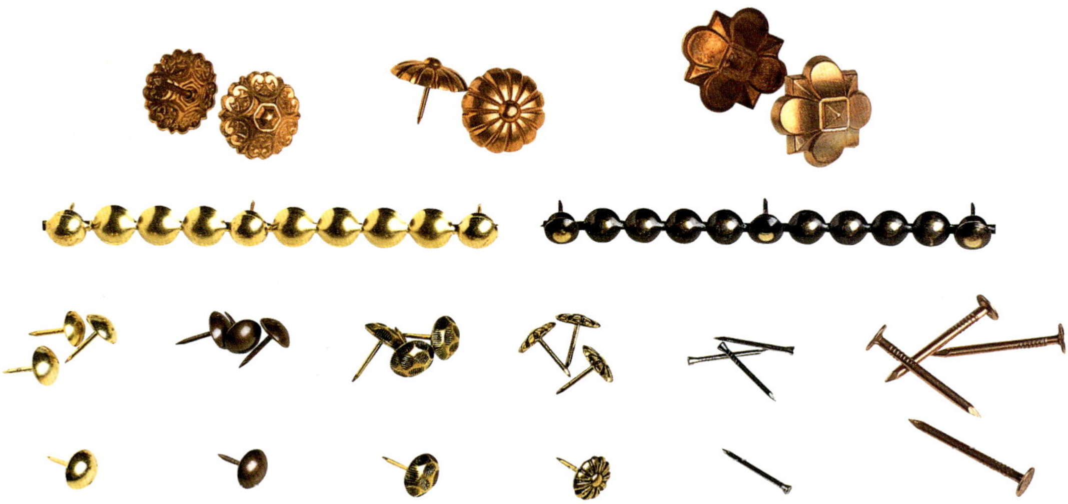

CLOUS À BOIS
Effet garanti avec ces gros clous décoratifs de style (en haut) que vous trouverez chez les vendeurs de fournitures pour ébénistes ; choix de clous à garnir, pour fixer une garniture ou pour masquer les semences ; pointes fines, très faciles à clouer, idéales pour les assemblages collés-cloués (ci-dessus) ; clous à tête plate en laiton, d'un bel effet sur le zinc (à droite).

LES OUTILS (1)
Léger et maniable, le marteau à garnir a une panne effilée, parfaite pour donner le premier coup sur une semence de tapissier tenue entre les doigts. Investissez également dans une pince universelle de bonne qualité, bien utile pour sectionner les clous qui auraient des tiges trop longues. Vous fixerez tasseaux et moulures avec de la colle à bois vinylique avant de les enclouer.

VIS ET CHEVILLES
De gauche à droite, trois types de vis à tête fraisée : à fente simple, à tête Phillips, cruciforme. Plus décorative, la vis à calotte en laiton reste apparente. Chevilles en plastique fendues pour murs pleins (à gauche) ; chevilles à expansion pour fixation sur les parois creuses.

Tête standard Tête cruciforme Tête Phillips ®

LES OUTILS (2)
Niveau à bulle pour aligner d'équerre ; jeu de tournevis – simples ou à lames interchangeables ; foret à tête conique pour préparer les avant-trous (ou noyures) des vis à tête fraisée ; poinçon pour faire de petits trous dans le bois ou le métal.

QUELLE COLLE ?

POUR FIXER	SUR			
	BOIS ET COMPOSITES lamifiés ou non	**PLASTIQUES** et lamifiés	**MÉTAUX**	**TYPE DE COLLE**
Céramique	✓	✓	✓	**Ciment-colle à carrelage**, reste blanc. **Colle blanche vinylique avec durcisseur,** devient transparente en séchant
Tissu	✓	✓	✓	**Colle textile** (voir aussi Colle blanche vinylique)
Métal	✓	✓	✓	**Colle contact** ou **Colle époxy** ; encollez les deux surfaces
Papier et carton	✓	✓	✓	**Colle blanche vinylique** ; diluez avec de l'eau pour appliquer sur du tissu (voir p. 116). Masquage : **colle pour montages successifs**
Végétaux, rotin	✓	✓	×	Feuilles et matières délicates : **colle pour montages successifs en aérosol.** Ne pas inhaler. Autres matériaux : **colle vinylique**
Plastique	✓	✓	×	Lamifié neuf : **colle contact.** Réparations : **colle vinylique**
Bois	✓	✓	×	Peu sollicité : **colle à bois vinylique et pointes.** Usage intensif : **colle époxy avec durcisseur**, mélangez les deux éléments

ASSEMBLAGE - 2

La fine tête d'une semence s'aperçoit à peine lorsqu'elle est bien enfoncée. Si vous désirez la rendre totalement invisible, vous pouvez la rentrer à l'intérieur du bois au moyen d'un chasse-clou, puis masquer la minuscule cavité en lissant avec un peu de pâte à bois – mais ce ne sera même pas nécessaire si la surface est destinée à être peinte. En règle générale, on cloue la pièce la plus mince sur la partie la plus massive et, pour assurer la solidité de l'assemblage, on choisit des clous dont la longueur est le double de l'épaisseur de la planche ou du tasseau à fixer (même chose si on utilise des vis). Si vous devez planter un clou dans un bois très mince ou tout près du bord, aplatissez auparavant la pointe d'un coup de marteau, pour éviter qu'il ne fasse éclater le bois, ou bien percez d'abord un petit trou à l'aide d'un poinçon.

Pour visser l'une sur l'autre deux pièces de bois, il vous faudra pratiquer deux avant-trous avec un foret ou un tournevis à cliquet : ils devront être légèrement plus étroits et moins longs que la vis, afin que celle-ci puisse mordre dans le bois. Marquez au crayon gras l'emplacement du premier trou sur la pièce rapportée et percez de part en part. Positionnez la pièce à l'endroit exact où elle doit être fixée, et faites un repère pour le second avant-trou avec la tige d'un poinçon que vous passerez par le premier avant-trou. Percez le second avant-trou, réalignez les deux éléments et vissez.

Les vis en laiton, plus décoratives, sont aussi moins robustes. Pour éviter d'endommager leur tête ou de fausser leur filetage, enfoncez d'abord une vis ordinaire en acier de même taille. Vérifiez toujours la nature du matériau avant de percer un mur et choisissez la mèche adaptée.

PERCEUSES ÉLECTRIQUES
Les perceuses et les visseuses-dévisseuses électriques mettent à la portée du profane des travaux réservés auparavant aux professionnels. Les deux fonctions sont souvent combinées. La clé à mandrin (dessous) de cette perceuse standard permet de changer les accessoires, mais elle est de plus en plus remplacée par un blocage à cliquet. Vous économiserez temps et argent en achetant un jeu de mèches de bonne qualité (à droite).

MANIEMENT DE LA PERCEUSE ÉLECTRIQUE

Travaillez toujours sur un plan bien stable et utilisez presses et serre-joints pour tenir les pièces à scier et à percer. Si, faute d'établi, vous vous installez sur une table, intercalez une plaquette de bois pour éviter que les mâchoires du serre-joint n'endommagent la surface. Tenez la perceuse à hauteur de poitrine et gardez-la parallèle à votre corps quand vous dirigez la mèche vers le bas, vous serez ainsi assuré de percer d'aplomb. Si au contraire vous percez à l'horizontale dans un mur ou un panneau vertical, tenez la perceuse perpendiculaire à votre corps. Pour percer exactement à la longueur désirée, posez un repère (un bout de ruban adhésif) sur la mèche. Sur du lamifié ou du stratifié, entamez la surface avec un poinçon pour ne pas glisser.

Percer un trou dans une baguette ronde

Fixez une petite latte sur une planche de récupération comme indiqué ci-dessus. Calez la baguette contre la latte et fixez fermement le tout à l'aide d'un serre-joint. Vous pourrez ainsi effectuer un travail impeccable sans que votre outil dérape sur la surface courbe. L'ensemble planche et latte pourra vous resservir.

RÈGLES DE SÉCURITÉ POUR LES OUTILS ÉLECTROPORTATIFS

- Si jamais la lame tranche ou entame un fil électrique, coupez aussitôt le courant
- Éloignez les enfants et les chiens de votre aire de travail
- Vérifiez que la lame est bien orientée avant de mettre en route
- Remplacez régulièrement les mèches de perceuse et les lames de scie émoussées
- Vérifiez que vous n'avez rien laissé sous la pièce à scier ou à percer
- Portez des lunettes de protection
- Veillez à ce que les câbles électriques ne traînent pas sur le plan de travail
- Coupez le moteur avant de retirer la scie ou la perceuse du bois
- Débranchez quand vous ne vous servez pas de l'outil ou quand vous changez d'accessoire

TRACÉS ET GABARITS

Le matériel que nous avons utilisé pour tracer les motifs et pour préparer pochoirs et gabarits n'a rien de sophistiqué : vous vous procurerez presque tout ce qu'il vous faut chez votre papetier. Et si vous ne trouvez ni traditionnel crayon de charpentier ni crayon graphite à mine grasse, remplacez-les par un crayon ordinaire à mine très tendre. Papier-calque et papier millimétré sont disponibles partout en différents formats (constituez-vous une petite réserve en A4, en A3 et en rouleau). Le papier millimétré vous sera précieux pour reporter à l'échelle des motifs repris dans des albums ou – pourquoi pas ? – que vous aurez dessinés vous-même. Pour des raisons de place évidentes, nous n'avons pas reproduit ici notre instrument favori pour tracer de belles lignes droites sur un mur : une belle latte de pin de 2 m de long, au bord parfaitement rectiligne, que nous réservons à cet usage exclusif ! Pour que vos motifs verticaux tombent parfaitement d'aplomb, il vous faudra un niveau à bulle et un fil à plomb, ou encore un té de dessinateur – mais la classique équerre d'écolier suffira la plupart du temps.

LES OUTILS
Équerre et règle plate métallique pour tirer des traits bien droits (elles ne doivent être ni tordues ni ébréchées) ; mètre-ruban ; papier millimétré, papier-calque et papier de brouillon ; choix de crayons aquarelle aux couleurs solubles à l'eau ; feutre à encre lavable ; crayon de charpentier et crayon graphite à mine grasse, tous deux pour le bois ; marqueur spécial (type Posca) pour tracer des motifs sur le métal, la céramique et le tissu.

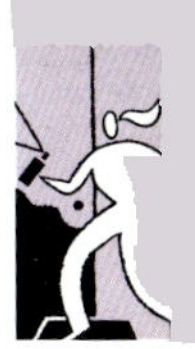

CONFECTION DES CACHES

LE MATÉRIEL
Le papier journal est encore le moyen le plus économique pour protéger les surfaces entourant un motif au pochoir ; le ruban à masquer trouve de multiples emplois, mais il peut endommager les supports fragiles : vous utiliserez alors un ruban spécial repositionnable ; enfin, le film adhésif pour transfert est de loin le plus pratique (mais aussi le plus onéreux) pour confectionner des caches (voir en bas).

Cache au ruban à masquer

1 Pour délimiter une réserve rectangulaire, on a juxtaposé deux bandes horizontales dont les bords coïncident avec ceux du rectangle ; on complète avec deux autres bandes verticales.

2 Pour retirer le cache, tirez délicatement par un coin. Si vous superposez plusieurs bandes, veillez à les retirer dans l'ordre inverse. Dans le cas d'une grande surface, découpez des caches en papier fort fixés au ruban adhésif.

Polyphane

Ce film transparent, dont le dos adhésif est protégé par un papier translucide, est idéal pour confectionner des caches et des pochoirs aux contours délicatement découpés et aux formes complexes, d'autant que vous décalquez directement sur ce support. Une fois le motif tracé, découpez-le aux ciseaux ou au scalpel, puis détachez délicatement le papier de protection. Sauf pour les tissus et les surfaces dures, le revêtement adhésif doit être retiré très délicatement pour ne pas endommager les peintures.

FAITES VOS COULEURS

Les peintures, glacis et badigeons dont nous vous donnons les recettes sont pour la plupart préparés à partir d'une classique émulsion vinylique blanche, teintée avec des couleurs acryliques pour artistes qui sont vendues sous différentes marques, en tubes ou en flacons. Cette émulsion à base aqueuse est d'emploi facile, même pour des débutants ; économique et peu toxique, elle a en outre l'avantage de sécher rapidement et d'être presque inodore.

Nous avons donc en général préparé nos couleurs nous-mêmes. Toutefois, dans certains cas, nous avons employé des couleurs toutes prêtes : ces exceptions concernent les rouges et les bleus sombres, les jaunes et les orangés intenses, ainsi que les fonds associés aux vernis à craqueler. Les teintes foncées demandent de telles quantités de colorants, lorsqu'elles sont préparées à partir d'une base blanche, que la plasticité de la peinture s'en trouve altérée (elle se « tire » mal sous le rouleau ou la brosse). De même, le vernis à craqueler (voir page 148) ne peut opérer son tour de magie habituel s'il est étendu sous et sur une peinture qui n'a pas la consistance voulue. La solution de compromis consiste à choisir une base dont la teinte se rapproche de celle que l'on souhaite obtenir – mais les pigments foncés réagissent parfois de manière si imprévisible que la méthode n'est quand même pas sans risques !

Cela étant, préparer ses propres couleurs est un jeu d'enfant. Nous vous suggérons de vous entraîner avec une petite quantité, en notant bien les dosages et en procédant par étapes. Ajoutez du blanc et du noir pour éclaircir ou pour foncer, mais vous obtiendrez des nuances plus subtiles en ajoutant du gris. Préparez toujours un peu plus de peinture que la quantité indiquée, son pouvoir couvrant dépendant beaucoup de la nature du support. Si vous optez pour une peinture traditionnelle (à l'huile de lin) ou glycérophtalique, l'agent colorant devra aussi être à base d'huile. Enfin, ne tentez jamais de mélanger des couleurs à une peinture laquée.

À PARTIR D'UNE BASE BLANCHE
À gauche, on a mélangé à l'émulsion vinylique blanche mate un peu de vert émeraude et de vert monastial ; à droite, on y a ajouté du jaune de cadmium et du jaune citron.

À PARTIR D'UNE BASE FONCÉE
Ici, le rouge de cadmium initial de l'échantillon central a été modifié en un chaud rouge-brun en y mélangeant du gris de Payne (à gauche) ; en y ajoutant encore de la terre d'ombre brûlée, on a obtenu une nuance plus sombre (à droite). En diminuant les quantités de brun et de gris, le ton sera moins intense.

BADIGEONS, CIRES ET GLACIS
La même couleur bleue a été mélangée à trois médiums différents : eau (à gauche), glacis acrylique (à droite) et cire (au centre). Dans les deux premiers cas, il s'agit d'une couleur acrylique pour artistes ; la cire, en revanche, impose l'emploi d'une couleur à l'huile. On remarquera que les veines et le grain du bois sont plus apparents avec les deux médiums à base aqueuse, tandis que la cire donne un fini plus chaud.

BASE	COLORANTS	DILUANT
À L'EAU		
• Émulsion vinylique mate • Émulsion vinylique satinée • Glacis acrylique • Vernis acrylique mat ou satiné	• Couleurs acryliques pour artistes	• Eau
À L'HUILE		
• Cire blanche	• Couleurs à l'huile pour artistes	• White-spirit

EFFETS SPÉCIAUX

Laissez aux spécialistes la délicate et dispendieuse technique de la dorure à la feuille d'or véritable, et exploitez les nombreuses possibilités offertes par l'imitation or ou argent (du cuivre battu ou de l'aluminium). Sachez toutefois que le cuivre fonce avec le temps, alors que l'or est inaltérable. Il existe maintenant des mixtions à dorer à l'eau, plus faciles à appliquer et moins longues à sécher que les traditionnelles mixtions au vernis gras. Vous les utiliserez également pour fixer les poudres métalliques, qui rehausseront les détails décoratifs. La peinture en aérosol est nettement plus facile d'emploi : appliquée uniformément et fixée avec un vernis approprié, elle permet même de couvrir le lamifié !

PEINTURE SUR TISSU ET TEINTURE
De texture liquide, les peintures pour tissus sont vendues en flacon ou sous la forme de marqueurs, dans une large gamme de couleurs. Les liquides sont proposés en plusieurs versions : opaque, translucide ou texturée. On les applique avec un pinceau fin ou une petite brosse à pochoir, et on les fixe en repassant le tissu sur l'envers.
Les teintures sont réservées aux tissus se lavant à froid.

PEINTURES EN AÉROSOL

Subtils dégradés

Pour réussir ce délicat effet de brume légère, effectuez plusieurs pressions légères en tenant l'aérosol à 35 cm de la surface.

Couleur dense

Il vous faudra passer une dizaine de fois pour obtenir ce couvrant impeccable. Là encore, résistez à la tentation d'appuyer trop fort !

TECHNIQUES DE DORURE

LES PRODUITS
Choix de feuilles imitation or, relativement bon marché, présentées sur un support papier pour faciliter leur emploi ; dorure liquide, chère à l'achat (poudre d'or en suspension dans un médium) mais plus abordable qu'il n'y paraît pour une grande surface ; poudres métalliques (aspect or, argent, cuivre ou bronze) : à projeter ou à brosser au pinceau doux sur une mixtion (masque obligatoire) ; pâte à dorer, disponible en plusieurs nuances et facile à appliquer ; peinture aérosol or ou argent pour réaliser de belles patines dégradées (sèche rapidement).

Appliquer une feuille imitation or

1 Passez la mixtion à dorer à l'eau sur la surface à couvrir avec une petite brosse et attendez 15 à 20 min (elle doit devenir transparente).

2 Détachez une feuille avec précaution (veillez à ne pas en prendre deux à la fois) et mettez-la en place. Lissez délicatement avec une palette à dorer (gros pinceau à poils très doux).

LE MATÉRIEL DU PEINTRE

Des brosses et pinceaux de bonne qualité donneront des finitions impeccables et vous feront un long usage si vous en prenez soin, aussi est-ce un investissement des plus rentables. De plus, des brosses un peu usées sont parfaites pour créer des effets texturés. Si vous n'interrompez votre travail que pour une heure ou deux, vous pouvez vous contenter d'envelopper vos brosses essorées d'un chiffon mouillé (émulsions à base aqueuse) ou d'envelopper hermétiquement soies et virole dans un papier d'aluminium (peintures à l'huile). Chaque soir, nettoyez-les à fond à l'eau et au savon de Marseille, rincez-les bien et essorez-les en les roulant entre les mains dans un chiffon absorbant. Remettez-les en forme encore humides et suspendez-les pour les faire sécher dans un lieu bien aéré. Pour éliminer les résidus de peinture glycérophtalique et de peinture à l'huile traditionnelle, faites tremper les brosses respectivement dans du white-spirit ou de l'essence de térébenthine, puis lavez-les à l'eau savonneuse (jamais de détergent). Si la peinture est durcie, une seule solution : la brosse en chiendent. Certaines peintures spéciales doivent être nettoyées avec des solvants particuliers. Respectez alors scrupuleusement les consignes de sécurité du fabricant pour l'utilisation et le stockage – et portez un masque pour vous protéger des émanations toxiques.

CHIFFONS, ÉPONGES, ROULEAUX
Chiffons doux, pour passer la cire et pour lustrer ; chiffon non pelucheux en coton pour ôter l'excédent de glacis ou de peinture (conservez à cet effet chemises, torchons, draps, mouchoirs usagés) ; éponges de mer, dont la texture ferme et irrégulière crée d'intéressants effets sur le bois ou sur le tissu ; éponge synthétique (texture plus accentuée que l'éponge végétale) ; manchons en mousse de tailles différentes pour passer la peinture sur les tampons ; mini-rouleau en caoutchouc pour lisser les raccords du papier peint : l'outil le plus commode pour peindre bandes et rayures !

BROSSES
POUR LES FONDS
De haut en bas : deux brosses à rechampir en soies de porc, qui conviennent pour la peinture projetée et le marbrage ; brosse à vernis aux poils fins et souples, qui donne un fini très lisse (assez chère, elle est à réserver aux vernis acryliques) ; deux brosses à émulsion pour les badigeons et les glacis ; deux brosses queue-de-morue standard, pour peintures brillantes, vernis à l'huile et produits salissants ; récipients en plastique et en métal pour mélanger la peinture (le plastique convient plutôt aux émulsions et glacis à base aqueuse) ; agitateurs – un usage judicieux pour vos chutes de bois.

BROSSES À
DÉCORATION
Ci-contre, à gauche : trois brosses à pocher – elles ne sont guère ruineuses, aussi peut-on assortir leur taille à celle des motifs.
À droite : cinq brosses à tableaux et une petite brosse ronde (la plus longue), dite « putois », pour tous les détails peints à main levée (le putois sert aussi pour appliquer les enduits de masquage).
En bas : pinceau à remplir, pour tracer des filets réguliers ; blaireau et brosse douce en poney (un pinceau à maquillage peut faire l'affaire) pour la dorure à la feuille et les poudres métalliques.

TAMPONS, POCHOIRS ET DÉCOUPAGES

Les tampons de caoutchouc prêts à l'emploi sont aujourd'hui proposés dans une très large gamme de motifs, mais vous pourrez commander un dessin exclusif (en fournissant le modèle) dans n'importe quelle imprimerie de quartier. Vous pourrez utiliser une peinture liquide que vous passerez avec un petit rouleau, mais pour notre part nous préférons de beaucoup les blocs encreurs spéciaux pour tissu qui conviennent aussi bien au bois qu'au métal et au plastique. Une autre méthode d'impression au tampon est proposée page 164.

Le scalpel (ou le cutter de précision à lame triangulaire) et la table de coupe (une plaque de caoutchouc ou de carton épais) sont les deux outils de base pour la confection des pochoirs. Vous trouverez dans les magasins spécialisés du carton spécial à pochoir, appelé carte de Lyon (un fort papier bulle imprégné de gomme-laque ou d'huile de lin). Plus difficiles à découper, les feuilles de Rhodoïd résistent aux usages répétés.

Quelques images d'Épinal, quelques cartes postales vieillottes, quelques pages de vieux catalogues, c'est tout ce qu'il vous faut pour créer des panneaux de découpages grâce à la photocopieuse, qui les reproduira à l'infini, dans plusieurs formats. Un vernis légèrement teinté donnera à l'ensemble un cachet très « décorateur », et vous trouverez page ci-contre deux recettes artisanales pour imiter la patine du temps.

IMPRESSION AU TAMPON
Utilisés avec un bloc encreur spécial et un fixateur, les tampons en caoutchouc donnent une impression bien nette, avec une touche de chic artisanal, et les couleurs proposées sont très jolies. Si vous utilisez de la peinture liquide, passez-la sur le tampon avec un rouleau en mousse.

REPÈRES SUR LES POCHOIRS

Remarquez les repères au niveau du col du vase, le plus bas indique le centre du premier motif et a été posé une fois la couche de peinture blanche sèche. La position de ce repère vous permettra de superposer correctement le deuxième pochoir sur le premier motif. Des repères identiques ont également été pris sur les côtés et en bas du motif.

VIEILLISSEMENT DES DÉCOUPAGES

Effets de décoloration

Préparez du thé en faisant infuser deux sachets dans une demi-tasse d'eau. Laissez refroidir sans remuer et promenez les sachets sur toute la surface, en insistant sur des découpages.

Patine et piquetage

Verser unè demi-tasse d'eau chaude sur 2 cuill. à soupe de café soluble. Laissez refroidir sans remuer, jetez la moitié du liquide et aspergez la surface avec les granulés à peine dissous.

MÉTAL REPOUSSÉ ET MOSAÏQUE

Connue depuis des millénaires, la technique du métal repoussé est à la portée des débutants, et l'outillage est des plus simples : un marteau et un chasse-clou de taille appropriée (ou un pointeau). Vous trouverez des plaques de métal à repousser (cuivre, aluminium façon étain) dans les magasins de fournitures pour travaux manuels. Si vous préférez le zinc (voir page 178) ou l'aspect brut du fer galvanisé, faites le tour des entrepôts de matériaux de construction. Le métal à la plaque étant généralement vendu en plusieurs épaisseurs, précisez bien au fournisseur l'usage auquel il est destiné.

Les mosaïques sont vendues par plaques, sur support en kraft, ou en sac. Une solution plus économique – et personnalisée ! – consiste à fragmenter carreaux ou assiettes dépareillées, mais vous aurez alors des épaisseurs différentes, qu'il faudra enfoncer plus ou moins dans le ciment-colle, en vérifiant constamment l'horizontalité au niveau à bulle.

TECHNIQUE DU MÉTAL REPOUSSÉ

Immobilisez la feuille de métal avec du ruban à masquer et fixez par-dessus le modèle du dessin. Posez le pointeau à la verticale sur le début d'un motif et donnez un petit coup sec avec le marteau. Le but n'est pas de percer le métal mais de l'enfoncer, de manière à former une petite protubérance sur l'envers. Repositionnez le pointeau et poursuivez tout le long du tracé.

VARIANTES
Sur ce motif de cœur, on s'est servi du pointeau pour les points et de la lame plate d'un tournevis pour les traits. Avec deux chasse-clous de tailles différentes, on pourra alterner petits et gros points.

TECHNIQUE DE LA MOSAÏQUE

LE MATÉRIEL
Petits pavés de mosaïque monochromes vendus à la plaque, sur leur support en papier kraft ; échantillons de carrelage mural en céramique vernissée ; pince à gruger pour fragmenter les carreaux (le modèle à ressort est plus facile à utiliser) ; mosaïque multicolore ; mortier prêt à l'emploi (à gauche) ; ciment-colle pour carrelage en pâte, plus pratique que les préparations en poudre.

Après avoir tracé les contours du motif sur le support choisi, encollez (en vous conformant strictement au mode d'emploi) tous les petits pavés de mosaïque destinés à rester entiers. Disposez-les sur le fond en commençant par les bordures. Fragmentez d'autres carreaux et arrangez-les comme les pièces d'un puzzle en ayant soin d'assortir les coloris (faute de pince à gruger, vous pouvez donner tout simplement un petit coup de marteau sur l'envers). Complétez enfin les interstices avec d'autres fragments (voir page 176).

FINITIONS VERNIES ET CIRÉES

La couche de protection peut modifier si radicalement l'aspect d'un meuble qu'il est impératif de choisir le produit approprié. Tout dépend aussi de l'usage auquel ce meuble est destiné. S'il s'agit d'un meuble de jardin, optez sans hésiter pour le vernis marine, qui a un bon pouvoir imperméabilisant – c'est pourquoi il est également indiqué pour les cuisines et les salles de bains. Pour les chambres d'enfants, en revanche, mieux vaut choisir un vernis acrylique, qui contient nettement moins de produits toxiques. Pensez aussi à la poussière, beaucoup plus apparente sur un vernis brillant que sur un vernis mat. Sur le bois naturel, la cire n'offrira pas la même protection contre les taches, mais aura un aspect plus chaleureux. Une finition cirée donnera de la profondeur aux teintes d'une émulsion mate ou d'une lasure. Sachez toutefois que la traditionnelle encaustique à la cire d'abeille fera foncer le bois d'un ton et que les cires et vernis teintés modifient toujours la teinte de base. Il est donc prudent de procéder à des essais préalables.

PROTECTION

TYPE DE VERNIS	BASE	RÉSISTE À LA CHALEUR	RÉSISTE À L'EAU	TENUE	BRILLANCE	NE JAUNIT PAS	UTILISÉ POUR
Vernis acrylique *S'applique au pinceau* Incolore demi-mat	ⓔ	✓	✓	▲	Faible	✓	Malle de salon (Vert-de-gris antique, Vichy bleu Atlantique)
Incolore mat	ⓔ	✓	✓	▲	Aucune	✓	Armoire-surprise, Parures de lit (À la mauresque)
Incolore satiné	ⓔ	✓	✓	▲	Moyenne	✓	Portes magiques (Ceinture d'argent), Changement à vue pour une commode (Tiroirs trompe-l'œil, Estampes Renaissance), Une table en or
Vernis acrylique *En aérosol* Incolore satiné	ⓔ	✓	✓	◆	Moyenne	✓	Coup de soleil sur une cuisine, La grande parade des chaises (Métallisé futuriste), Rotin fleuri dans un jardin
Vernis-laque *En aérosol* Incolore brillant	ⓗ	✓	✓	◆	Forte	✓	Réfrigérateur-congélateur (voir p. 91)
Vernis polyuréthanne *S'applique au pinceau* Incolore mat	ⓗ	✓	✓	◆	Aucune	×	Les métamorphoses d'une table ronde (pour l'intérieur)
Vernis marine *S'applique au pinceau* Incolore mat	ⓗ	✓	✓	◆	Aucune	×	Les métamorphoses d'une table ronde (pour l'extérieur)

PROTECTION

TYPE DE CIRE	BASE	RÉSISTE À LA CHALEUR	RÉSISTE À L'EAU	TENUE	BRILLANCE	NE JAUNIT PAS	UTILISÉ POUR
Vernis-cire *S'applique au pinceau et au chiffon* Incolore	ⓔ	✓	✓	◆	Moyenne	✓	La grande parade des chaises (Chaise Van Gogh, Kitsch années 50), Chaise Giverny
Cire d'abeille *S'applique au chiffon*	ⓗ	✓	✓	▲	Moyenne	×	Buffet grand-mère
Encaustique pour meubles *S'applique au chiffon* Incolore	ⓗ	✓	✓	▲	Moyenne	✓	Portes magiques (Grillage doré), Buffet grand-mère, De table en console, Parures de lit (À la mode shaker)
Cire blanche *S'applique au chiffon* Incolore	ⓗ	✓	✓	▲	Moyenne	✓	Bureau mobile (poignées), Lit à colonnes rouge et or

DÉCORATION

TYPE DE VERNIS	BASE	RÉSISTE À LA CHALEUR	RÉSISTE À L'EAU	TENUE	MODE D'EMPLOI
Vernis à craqueler acrylique transparent *S'applique au pinceau*	ⓔ	✓	✓	▲	S'applique entre deux couches d'émulsion de couleur différente. Au séchage, de fines craquelures à effet de fresque apparaisssent dans la couche supérieure
Vernis opaque texturé *S'applique au pinceau et au rouleau*	ⓔ	✓	✓	◆	Donne à une vitre ordinaire l'aspect du verre dépoli, avec une texture légèrement sablée ou granitée. Se teinte avec des colorants
TYPE DE CIRE					
Vernis-cire *S'applique au pinceau et au chiffon*	ⓔ	✓	✓	◆	Se teinte avec des couleurs acryliques pour donner une patine translucide. Se polit légèrement pour satiner
Cire blanche *S'applique au chiffon*	ⓗ	✓	✓	▲	Se teinte avec des couleurs à l'huile pour artistes et se polit pour donner une chaude patine lustrée S'utilise également dans les techniques de réserve pour les effets de vieillissement
Cire à céruser *S'applique au pinceau et au chiffon*	ⓗ	✓	✓	▲	S'applique sur le bois brut ou peint. Donne un aspect blanchi à la chaux et souligne le veinage. Finition mate légèrement polie pour donner du relief

ⓔ = à base aqueuse
ⓗ = à l'huile
▲ = résistance moyenne (pour salle de séjour et chambres)
◆ = haute résistance (convient pour cuisine et salle de bains)

ACCESSOIRES

Ne laissez jamais passer une occasion de fouiner dans les quincailleries de quartier, dans les rayons spécialisés des grands magasins ou dans les déballages des petits marchés aux puces : vous y dénicherez les poignées et les boutons de tiroir qui apporteront la touche finale à vos créations. La banalité des matières ne doit pas vous rebuter : quelques gouttes de peinture, un petit filet de couleur contrastée, un cabochon en verre coloré transformeront un banal bouton de tiroir en bois blanc en une garniture de style. Le plastique lui-même peut se peindre...

Pensez aussi à récupérer ces précieux accessoires sur les meubles mis au rebut ou hors d'usage (il suffit d'un tournevis) pour vous constituer un stock qui vous donnera peut-être de nouvelles idées. Enfin, n'oubliez pas que les objets les plus divers peuvent faire fonction de poignées : des coquillages vernis, collés sur une rondelle de bois, seront parfaits sur un meuble de salle de bains et un simple bout de corde passé à la peinture métallisée fait une poignée superbe.

AVANT-PREMIÈRE
Voici, en primeur, quelques-unes des poignées que vous découvrirez dans les pages qui suivent : **1** Chrome « design » ; **2** et **3** Boutons bon marché en plastique, passés à la peinture argent ; **4** Autre bouton en plastique, transformé cette fois par une peinture cuivre ; **5** longues poignées chromées de meuble de salle de bains, associées aux traditionnels porte-étiquettes de cartonnier : un heureux mariage !

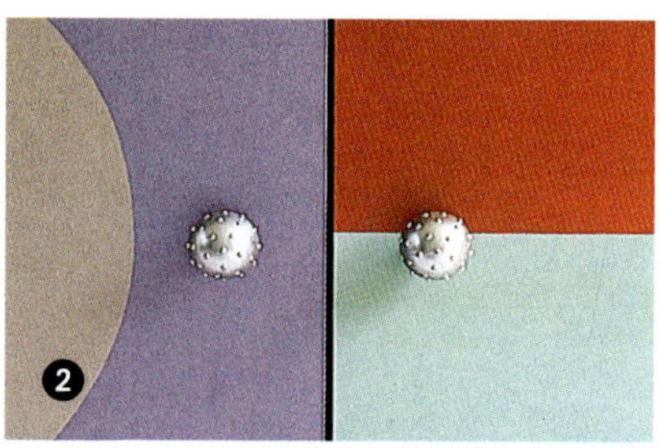

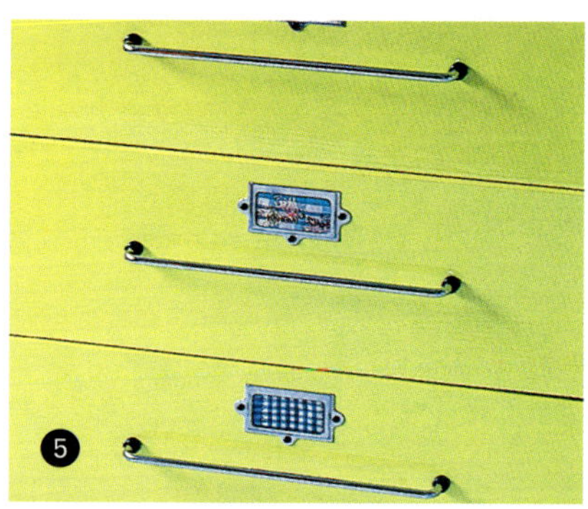

POIGNÉES BUDGET
Échantillonnage de boutons de tiroir trouvés dans une grande surface de bricolage à des prix raisonnables et métamorphosés par un simple coup de peinture en aérosol. À vous d'imaginer d'autres effets de matières et de couleurs, d'autres contrastes...

EMBOUTS DE STYLE
Vous en trouverez de semblables chez les tapissiers ou aux puces, et vous les utiliserez pour des tringles à rideaux très « déco ».

À PIEDS OU
À ROULETTES
Deux paires de pieds Louis XV font perdre toute banalité à ce chevet en bois blanc, et la peinture vieillie renforce son charme. La même finition prend un tout autre relief quand on dote le chevet de quatre grosses roulettes en PVC.

DEUXIÈME PARTIE

IDÉES À SUIVRE

Vous trouverez ici, étape par étape, le détail des opérations qui vous permettront de métamorphoser, avec un minimum d'outils, des meubles neufs bon marché, ou ces meubles sans style défini qui encombrent greniers et dépôts de brocante. Nous n'avons oublié ni la cuisine, ni la salle de bains, ni le balcon, ni le jardin... Entre ces rubriques, cinq doubles pages vous proposent un catalogue thématique d'idées que vous pourrez adapter librement.

Comment intégrer harmonieusement un coffre rustique à une entrée moderne, sans lui faire perdre son caractère ? En jouant, comme ici, sur les textures : glacis craquelé sur le dessus (voir page 148), peinture vieillie pour les panneaux de porte (voir la technique de réserve à la cire page 144) et patine délavée sur le bois brut, dont la teinte dorée contraste avec les couleurs intenses évoquant les émaux du Moyen Âge.

DE L'IDÉE À LA RÉALISATION

Considérez les pages qui suivent comme un répertoire de modèles correspondant à tous les meubles de base (tables, chaises, lits, buffets, armoires, coffres, commodes) et à toutes les tendances de la décoration. Quel que soit votre style de prédilection – rétro années 50, minimaliste chic, écologiste campagnard, romantique ou Art déco –, vous trouverez certainement une idée qui vous séduira. Chacune des rubriques comporte une liste des fournitures et du matériel qui vous seront nécessaires, ainsi que la marche à suivre concernant tant les éventuelles adaptations de structure que la peinture ou les finitions. Des références de page vous renvoient, quand il y a lieu, à la troisième partie, où sont détaillées les différentes techniques de décoration.

À gauche : un coup de foudre pour une paire de vieilles persiennes trouvées dans un chantier de démolition est à l'origine de ce placard qui évoque la Méditerranée avec son badigeon délavé (voir page 140). Sous le tiroir du bas, le socle de style campagnard, découpé à la scie sauteuse dans une planche de bois blanc, masque des pieds très ordinaires.

Page ci-contre, en bas : superbe graphisme pour ce buffet décoré d'idéogrammes chinois – ils peuvent être tracés au pinceau ou simplement découpés et collés (voir page 160). Les spectaculaires poignées de porte en demi-cercle sont découpées dans du médium et peintes d'un motif géant dans les mêmes tons. Ce cercle trouve un rappel dans les poignées anneaux des tiroirs.

Nous avons volontairement choisi des meubles aux formes basiques, si bien qu'il vous sera sans doute facile de trouver un modèle analogue. Si tel est le cas, vous disposez donc d'une fiche de travail que vous n'avez plus qu'à suivre – et qui vous suggère en général au moins une variante dans des couleurs et un style différents.

Nous espérons cependant que vous ne vous contenterez pas de consulter cet ouvrage comme un guide pratique; notre ambition en le concevant était de faire appel à votre sens créatif et de vous inciter à adapter nos idées à votre cadre de vie, à votre type d'activité et à vos préférences esthétiques afin de créer un décor qui vous ressemble.

Pour prendre un exemple, imaginons un instant que la maison de vos rêves comporte une cuisine non seulement fonctionnelle mais aussi chaleureuse, tonique – et, surtout, tranchant sur la banalité des cuisines de catalogue. Si vos moyens ne vous permettent pas d'engager un décorateur à la mode, la peinture peut vous sauver du marasme... Voyez page 88 comment réhabiliter des éléments standards en Formica.

Page 93, la métamorphose est encore plus totale grâce à une spectaculaire patine cuivrée, facile à réaliser. Si vous êtes de ceux qui évoquent avec nostalgie les tartines d'antan et qui collectionnent les boîtes de métal peint, le buffet grand-mère de la page 70 vous fera chaque jour chaud au cœur. Le dessus en zinc et les panneaux de métal repoussé sont facultatifs (il s'agit, répétons-le, d'un catalogue d'idées), et vous pouvez vous contenter des motifs sur fond de verre sablé des portes supérieures (réalisés avec un simple vernis spécial à appliquer sur une vitre ordinaire). Vous pouvez évidemment les remplacer par les motifs de votre choix. On peut aussi imaginer ce buffet, composé de deux éléments dénichés au hasard des brocantes, dans les teintes profondes et veloutées des émulsions qui imitent la traditionnelle peinture à la caséine.

Glamour très kitsch et clin d'œil au Hollywod des années 30 pour ce salon rose et argent. La peinture métallisée de la cheminée est dans la note. Le pare-feu semi-circulaire en tôle ondulée passée à la peinture argent est assorti au socle du pouf à coussin de peluche, qui ressemble à un gros gâteau à la crème !

N'écartez pas a priori, sous prétexte que vous êtes novice dans le maniement de la perceuse ou de la scie, les rubriques comportant des adaptations et des assemblages. Vous trouverez bien dans votre entourage un bricoleur zélé qui vous percera quelques trous, et les magasins de bois au détail peuvent vous fournir des planches aux dimensions exactes. Changer une poignée ou un bouton de tiroir est un jeu d'enfant, de même que fixer des moulures au mètre. Commencez donc par les modèles n'exigeant que deux ou trois outils de base, et dites-vous que les finitions peintes masqueront les imperfections de votre travail de menuisier !

Un dernier conseil pratique : lisez attentivement toutes les explications avant de courir les magasins, afin d'adapter les quantités indiquées à vos besoins réels (une calculette vous aidera), et prenez bien vos mesures.

PORTES MAGIQUES

Au départ, une penderie neuve bas de gamme en panneaux de particules mélaminés, comme on en voit dans les catalogues de VPC et les grandes surfaces. Après métamorphose, une armoire aux fonctions multiples (voir page 60 comment fixer des étagères) qui ne déparera ni une chambre élégante (la variante bleu et argent peut être interprétée dans toutes sortes de couleurs et de finitions) ni un bureau : la variante à grillage doré est un amusant clin d'œil aux bibliothèques de style et peut aussi agrémenter une cuisine. Enfin, avec ses miroirs-hublots, l'armoire de style bateau, dont le bleu marin semble rongé par les embruns, sera parfaite dans une salle de bains.

STYLE BATEAU

NETTOYAGE ET PRÉPARATION

Lessivez s'il s'agit d'un vieux meuble et préparez les fonds. Nettoyez avant et après les assemblages. Passez une couche d'apprêt (voir pages 12-17) sur tout l'extérieur de la penderie et sur les portes (des deux côtés)

INGRÉDIENTS ET FOURNITURES

Adaptations et assemblage ➤ 2 panneaux de médium ou de contreplaqué de 6 mm d'épaisseur, aux dimensions des portes (voir ci-dessous) / 200 ml de colle à bois vinylique / 12 pointes sans tête d'au moins 12 mm de longueur / 100 clous à garnir à tête ronde / 20 ml de colle époxy
Couche de fond ➤ 500 ml d'émulsion vinylique blanc mat
Réserve ➤ 150 ml de cire blanche pour meubles
Seconde couleur (2 couches) ➤ 375 ml d'émulsion vinylique blanc mat / couleurs acryliques : 300 ml de turquoise ; 105 ml de vert monastial
Accessoires ➤ 2 miroirs ronds à cadre en bois / 2 poignées et leur visserie

MATÉRIEL

Tournevis / clé pour les écrous / serre-joints / scie sauteuse / perceuse ou vilebrequin (mèche à bois plate) / marteau / règle / équerre / crayon / masque de protection / papier de verre moyen et fin / ruban à masquer / 2 récipients à peinture / agitateurs / 2 brosses à décoration rondes de 25 mm / 2 brosses à émulsion de 50 mm / chiffons non pelucheux / eau

INSTRUCTIONS
Adaptations

Portez toujours un masque de protection pour travailler le médium.

1 Démontez les portes avec précaution et dévissez les poignées. Réservez les gonds et leur visserie.

2 Il est plus simple de découper les encadrements de porte d'un seul tenant dans des panneaux entiers et de les fixer ensuite sur les battants (un assemblage en biseau de quatre lattes sera plus économique mais exige quelques talents de menuisier). Tracez au crayon leur contour intérieur sur chaque panneau, avec la règle et l'équerre. Leur largeur dépendra des dimensions des miroirs et des battants : ici,

pour des portes de 36 cm de large et des miroirs de 24,5 cm de diamètre, les cadres ont une largeur de 5 cm.

3 Fixez chaque panneau sur le plan de travail avec des serre-joints et découpez-le à la scie sauteuse. Poncez les sections au papier de verre moyen.

Assemblage

1 Avec l'une des brosses rondes, enduisez de colle vinylique le dos des deux encadrements et positionnez-les sur les battants.

2 Assurez la fixation avec les pointes sans tête (une à chaque coin, une au milieu de chaque côté vertical). Répartissez les clous à garnir sur tout le périmètre.

3 Poncez les cadres des miroirs avec du papier de verre moyen et répartissez les clous à garnir sur la circonférence. Fixez-les à la hauteur voulue avec la colle époxy, en respectant le mode d'emploi. Protégez la glace avec du ruban à masquer.

4 Tracez des petits cercles de 2,8 cm de diamètre, disposés irrégulièrement sur chaque panneau de porte. Évidez-les au vilebrequin ou à la perceuse électrique (position lente) et poncez les bords.

Peinture et vieillissement

Voir page 144 les détails de la peinture vieillie à la cire. Pour obtenir cet aspect de bois blanchi par le sel et les embruns, il vous faudra longuement poncer au papier de verre fin.

Montage final

Posez les nouvelles poignées et remontez les portes.

CEINTURE D'ARGENT

NETTOYAGE ET PRÉPARATION

Voir précédemment

INGRÉDIENTS ET FOURNITURES

Adaptations et assemblage ➤ 8 sections de grosse moulure d'au moins 4 cm de largeur coupées en biseau (4 correspondant à la largeur et 4 à la longueur du cadre mouluré) / 200 ml de colle à bois vinylique / 24 pointes sans tête

Couche de fond et seconde couleur ➤ 375 ml d'émulsion vinylique blanc mat / couleurs acryliques : 300 ml de turquoise ; 100 ml de vert monastial

Décor argent ➤ 300 ml de mixtion à dorer à l'eau / 30 à 40 feuilles de métal imitation argent

Couche de protection ➤ 500 ml de vernis acrylique satiné incolore
Patine des moulures ➤ 150 ml de glacis acrylique / 150 ml d'émulsion vinylique blanc mat / couleurs acryliques : 100 ml de turquoise ; 5 cuill. à café de vert monastial
Accessoires ➤ 2 poignées et visserie

MATÉRIEL **Tournevis / clé pour les écrous / vrille / crayon / règle / équerre / fil à plomb / ruban à masquer / 2 récipients à peinture / agitateurs / 1 brosse ronde de 15 mm / 2 brosses à émulsion de 50 mm / chiffons non pelucheux / 1 brosse plate de 25 mm en soies de porc / gants jetables / palette à dorer ou gros pinceau très doux / 1 brosse à vernis de 50 mm**

INSTRUCTIONS

Adaptations

1 Voir armoire style bateau (étape 1).
2 Si vous ne possédez pas de boîte à onglets, qui permet de réaliser de parfaits assemblages en biseau (c'est un bon investissement), achetez la moulure dans un magasin spécialisé dans le bois à la coupe et demandez des sections biseautées (à défaut, adressez-vous à un encadreur, mais ses moulures seront probablement plus chères). Quoi qu'il en soit, déterminez auparavant la place exacte du cadre mouluré pour pouvoir relever des mesures précises. Pour un effet maximal, choisissez une moulure aux reliefs très marqués.

Assemblage

1 À l'aide de la règle, de l'équerre et du fil à plomb, tracez au crayon sur chaque porte le contour du cadre mouluré.
2 Avec la brosse ronde, encollez une section de moulure correspondant à la largeur et positionnez-la en haut. Placez les trois autres sections en continuant dans le sens des aiguilles d'une montre. Faites de même sur l'autre porte.
3 Consolidez l'ensemble avec quelques pointes sans tête.

Peinture du fond

1 Dans un des récipients, mélangez bien l'émulsion blanche avec le turquoise et le vert Guignet.
2 Passez une couche uniforme sur toutes les surfaces avec une des brosses à émulsion. Laissez sécher 2 à 3 heures, puis passez une seconde couche.

PORTES MAGIQUES

Décor à la feuille d'argent Voir page 168 la technique de dorure à la feuille (sans tenir compte du vernis). Protégez toutes les surfaces autour des moulures au ruban à masquer avant d'appliquer la mixtion à dorer (protégez aussi vos mains avec des gants).

Couche de protection Appliquez le vernis à la brosse sur les portes et le corps de l'armoire. Laissez sécher de 2 à 3 heures.

Patine des moulures Voir page 147 la technique de patine au glacis. Protégez à nouveau les surfaces environnantes avant de commencer et essuyez aussitôt les coulures avec un chiffon propre. Laissez sécher 1 heure avant d'ôter le ruban à masquer.

Montage final Voir armoire style bateau.

GRILLAGE DORÉ

NETTOYAGE ET PRÉPARATION **Reportez-vous page 50 (armoire style bateau)**

INGRÉDIENTS ET FOURNITURES

Couleur de fond ➤ 750 ml d'émulsion vinylique mate rouge sombre
Glacis ➤ 250 ml de glacis acrylique / couleur acrylique : 3 ⅓ cuill. à soupe de terre d'ombre brûlée
Couche de protection ➤ 200 ml de cire blanche pour meubles
Garniture grillagée ➤ grillage à mailles fines / peinture vieil or en aérosol
Rideaux ➤ environ 2 m de coton imprimé en 140 cm de large / tringle à rideaux au mètre, plus 16 petits pitons ronds et 16 petits crochets à vis
Accessoires ➤ 2 boutons de porte en laiton patiné

MATÉRIEL **Tournevis / clé pour les écrous / vrille / règle / équerre / fil à plomb / crayon / papier millimétré (facultatif) / serre-joints / scie sauteuse / 1 brosse à émulsion de 50 mm / 1 queue à lisser de 50 mm / agitateurs / 2 récipients à peinture / chiffons non pelucheux / cisailles à métal / papier journal / pistolet agrafeur / ruban à masquer (facultatif) / ciseaux / fil et aiguille**

INSTRUCTIONS

Adaptations

1 Voir armoire style bateau (préparation, étape 1).

2 À l'aide de la règle, de l'équerre et du fil à plomb, tracez au crayon les périmètres des deux ouvertures de chaque porte. Elles sont ici d'égales dimensions (22,5 x 99 cm), mais on peut prévoir une fenêtre plus haute dans la partie inférieure – voire découper trois ouvertures de chaque côté. Il est prudent de faire quelques croquis à l'échelle sur du papier millimétré avant de mettre la scie en action...

3 Fixez solidement une porte sur le plan de travail et évidez avec soin les panneaux inférieur et supérieur à la scie sauteuse. Procédez de même pour la seconde porte.

Lissage au glacis

Voir page 150 la technique du lissage à l'eau. Ici, les deux couches de fond rouge sombre sont rehaussées par le glacis brun-rouge qui donne de chauds reflets acajou. Sur les portes, appliquez le glacis rapidement, à long traits verticaux sur les côtés et horizontaux sur les traverses.

Couche de protection

Avec un chiffon roulé serré en tampon, passez toutes les surfaces à la cire. Laissez sécher un quart d'heure et lustrez avec un autre chiffon.

Pose du grillage

1 Coupez à la cisaille quatre rectangles de grillage aux dimensions des ouvertures, plus une marge de 2,5 cm sur tout le pourtour.
2 Étalez des journaux, posez dessus les rectangles de grillage et vaporisez uniformément la peinture vieil or en tenant l'aérosol à 35 cm. Laissez sécher 1 heure.
3 Agrafez les rectangles de grillage peints sur l'envers des portes, à environ 12 mm des bords.

Confection des tringles et des rideaux

1 À l'aide de la cisaille, coupez huit sections de tringle à rideaux d'une dimension égale à la largeur des fenêtres moins 2,5 cm. Vissez un piton rond à chacune de leurs extrémités.
2 Sur l'envers des portes, faites un petit trou à la vrille aux quatre coins des quatre fenêtres, soit seize trous, et vissez-y les petits crochets.
3 Coupez quatre rectangles de tissu en vous basant sur les dimensions des fenêtres et en ajoutant 20 cm en largeur et 5 cm en haut et en bas. Si le tissu tend à s'effilocher, vous pouvez surfiler les côtés verticaux avant de passer à l'étape suivante.
4 Faites un ourlet en haut et en bas de chacun de ces rideaux, en laissant les deux extrémités ouvertes.
5 Enfilez les tringles dans les ourlets (les fronces se répartiront à mesure) et accrochez les rideaux. Ce procédé peut paraître compliqué aux « non-couturières », mais il est en réalité d'une simplicité enfantine et facilite considérablement le nettoyage.

Montage final

Voir armoire style bateau.

TRANSFORMATIONS
D'UNE MODESTE COMMODE

Voici un autre meuble bon marché à réhabiliter – une commode en panneaux de particules à finition mélaminée. Les trois variantes proposées sont accessibles aux bricoleurs les plus novices. Nous avouons une préférence pour le modèle ci-dessous, qui a un petit air Bauhaus avec sa laque brillante et ses longues poignées chromées associées à des porte-étiquettes de cartonnier (la couleur est affaire de goût : un bordeaux ou un bleu nuit auront beaucoup de chic). La deuxième, aux couleurs de grand soleil, camoufle ses boutons de tiroir dans un motif au pochoir (à interpréter en style naïf pour une chambre d'enfant). La troisième, violet et or, évoque les splendeurs fanées d'un palais vénitien. Les « estampes » sont de simples motifs photocopiés teintés à l'encre et les dorures passées s'obtiennent avec des feuilles de métal imitation or.

LAQUE ET CHROME

NETTOYAGE ET PRÉPARATION

Ôtez les tiroirs, dévissez les poignées (rebouchez les trous à l'enduit gras) et préparez les fonds (voir pages 12-17). Passez une couche d'impression à l'huile (voir page 142) sur toutes les surfaces extérieures

INGRÉDIENTS ET FOURNITURES

Laque ➤ 1,5 litre de peinture laquée glycérophtalique jaune ou de la couleur de votre choix (5 couches)
Accessoires ➤ 3 porte-étiquettes chromés / 3 longues poignées chromées (au rayon accessoires pour salles de bains) / visserie assortie

MATÉRIEL

Récipient à peinture / agitateurs / 2 brosses à laquer de 50 mm / papier de verre et abrasif à l'eau (grain moyen, fin et ultrafin) / chiffons non pelucheux / eau savonneuse / vrille / tournevis

INSTRUCTIONS

Préparation

Tracez les repères des nouvelles poignées (bien plus larges que des poignées de tiroir standards). Décidez des emplacements des porte-étiquettes. Percez les trous correspondants à la vrille sur l'envers de la façade du tiroir.

Laque

Reportez-vous page 142 pour la technique de la laque. Les meubles neufs demandent peu de préparation, mais la surface inégale d'un meuble ancien devra être lissée à l'enduit et poncée plusieurs fois avant impression.

Montage final

Posez les nouvelles poignées et les porte-étiquettes.

TIROIRS EN TROMPE-L'ŒIL

NETTOYAGE ET PRÉPARATION

Ôtez les tiroirs, dévissez les poignées et passez une couche d'impression à l'eau sur toutes les surfaces extérieures

INGRÉDIENTS ET FOURNITURES

Couleur de fond ➤ 500 ml d'émulsion vinylique mate jaune vif
Motifs au pochoir ➤ 380 ml d'émulsion vinylique blanc mat / couleur acrylique : 120 ml de bleu de cobalt
Couche de protection ➤ 500 ml de vernis acrylique satiné (2 couches)
Accessoires ➤ 6 boutons de tiroir en bois

MATÉRIEL

Tournevis / clé pour les écrous / récipient à peinture / 1 brosse à émulsion de 50 mm / ciseaux / carte à pochoir A2 / table de coupe / scalpel / ruban à masquer / chiffon non pelucheux / 2 soucoupes / 2 brosses à pocher de 25 mm / 2 petites brosses à tableau rondes / 1 brosse à vernis de 50 mm

INSTRUCTIONS

Couleur de fond

Passez deux couches d'émulsion sur toutes les surfaces préparées, en laissant sécher 2 heures entre chaque couche.

Motifs au pochoir

Reportez-vous page 158 (confection des pochoirs), page 182 (motif vase) et page 159 pour la technique du pochage. Versez de l'émulsion blanche dans une soucoupe et appliquez avec une brosse à pocher sur le fond du vase. Peignez aussi en blanc les boutons de tiroir avec l'une des petites brosses. Laissez bien sécher. Dans l'autre soucoupe, mélangez le bleu de cobalt avec la même quantité environ de blanc (testez votre couleur sur un papier). Positionnez le second pochoir et peignez les rayures. Il doit vous rester un peu de peinture : avec la seconde petite brosse, peignez quelques rayures sur les boutons pour un effet de trompe-l'œil.

Vous devrez tracer des repères afin que vos deux pochoirs (fond du vase et rayures) se superposent exactement (voir le modèle page 182).

Couche de protection

Passez deux couches de vernis à 3 heures d'intervalle (vernir aussi les boutons).

Montage final

Attendez le lendemain pour vissez les boutons peints à l'emplacement des anciens.

ESTAMPES RENAISSANCE

NETTOYAGE ET PRÉPARATION

Voir page précédente. S'il s'agit d'une vieille commode, laissez apparentes toutes les inégalités de la surface, qui rehausseront la patine

INGRÉDIENTS ET FOURNITURES

Couleur de fond ➤ 300 ml d'émulsion vinylique blanc mat / couleur acrylique : 1 cuill. à soupe de pourpre de dioxazine
Glacis coloré (3 couches) ➤ 400 ml de glacis acrylique transparent / couleur acrylique : 1 cuill. à soupe de pourpre de dioxazine
Découpages ➤ photocopies / 100 ml d'encre violette soluble à l'eau / 5 cuill. à café d'eau (pour diluer) / 200 ml de colle vinylique blanche
Dorure ➤ 200 ml de mixtion à dorer à l'eau / 2 ou 3 feuilles de métal imitation or
Couche de protection ➤ 500 ml de vernis acrylique satiné (2 couches)
Accessoires ➤ 6 gros boutons de tiroir en laiton ouvragé

MATÉRIEL

Tournevis / agitateurs / 2 camions à peinture / 2 brosses à émulsion de 50 mm / boules de coton hydrophile humectées d'eau et essorées / 1 petite brosse à tableau ronde / 2 assiettes / 1 éponge de mer / papier journal / 1 brosse plate de 25 mm pour l'encollage / chiffon / gants jetables / 1 brosse plate de 25 mm en soies de porc / 1 palette à dorer ou gros pinceau très doux de 25 mm / 1 brosse à vernis de 50 mm

INSTRUCTIONS

Fond et 2 couches de glacis

Voir page 150 la technique du lissage à l'eau. Lissez deux couches de glacis violet soutenu sur une couche plus claire d'émulsion et réservez le dernier tiers.

Découpages

Voir page 160 la technique de base des découpages et page 161 comment les teinter à l'encre.

Troisième couche de glacis

Lissez une dernière couche de glacis sur le fond et les photocopies collées.

Dorure

Voir la technique de dorure à la feuille page 168. Répartissez des plaques irrégulières sur toute la commode, puis des petits fragments ici et là, pour créer l'effet d'une surface usée par le temps.

Couche de protection

Passez deux couches de vernis à 3 heures d'intervalle.

Montage final

Vissez les nouveaux boutons.

ARMOIRE-SURPRISE

Il s'agissait d'une armoire à glace dont la porte cassée était irréparable... Mais nous aimions ses détails années 30 et nous avons décidé de la sauver en la transformant en rangement à étagères, dont la finition craquelée souligne le style rétro. Nous avons gainé l'intérieur d'un frais vichy jaune, et un store en kit, imprimé de motifs au tampon, a remplacé la porte (une frise de bois découpé masque l'enrouleur). Couleurs et motifs peuvent être adaptés à tous les goûts.

NETTOYAGE ET PRÉPARATION

Lessivez et nettoyez à nouveau après les adaptations. Passez une couche d'impression à l'eau (voir pages 12-17) sur toutes les surfaces extérieures et intérieures (sinon le bois absorberait la colle pour textiles)

INGRÉDIENTS ET FOURNITURES

Adaptations ➤ 100 ml de pâte à bois / médium en 6 mm, coupé aux dimensions, pour 3 étagères (moins, si les étagères d'origine sont récupérables) / tasseau au mètre de section 12 x 19 mm (fixation des étagères sur 3 côtés) / 3 lattes de section 19 x 87 mm (bandeau frontal des étagères) / frise au mètre de la largeur de l'ouverture plus 5 cm, assez haute pour cacher l'enrouleur du store
Assemblage ➤ 50 ml de pâte à bois / 150 ml de colle à bois vinylique / environ 30 vis à bois / 4 pointes sans tête (fixation de la frise)
Couche de fond ➤ 750 ml d'émulsion vinylique mate bleu roi
Craquelures ➤ 600 ml de vernis à craqueler à l'eau
Seconde couleur ➤ 750 ml d'émulsion vinylique mate vert vif
Couche de protection ➤ 1 litre de vernis acrylique mat (2 couches)
Garniture des étagères ➤ 4 m en 140 cm de vichy ou de coton imprimé au choix / 300 ml de colle pour textiles
Store ➤ store à enrouler prêt à poser en toile écrue, avec visserie / 150 ml de glacis acrylique / 150 ml d'émulsion vinylique mate bleu roi / 3 cuill. à soupe d'émulsion vinylique blanc mat / 3 cuill. à soupe d'émulsion vinylique mate vert vif / 50 ml de colle à bois vinylique / gland décoratif en plâtre / 1 crochet rond en laiton

MATÉRIEL

Tournevis / couteau à enduire / papier de verre grain moyen / crayon / mètre / règle, niveau et équerre / serre-joints / scie à bois / perceuse et mèches à bois / 1 pinceau de 15 mm pour la colle / agitateurs / 3 récipients à peinture / 2 brosses à émulsion de 75 mm / 1 queue-de-morue de 50 mm pour le vernis à craqueler / 1 brosse à vernis de 50 mm / fer à repasser / papier kraft / ciseaux / assiette / carton fort pour appliquer la colle pour textiles / chiffons non pelucheux / scie à métaux / 1 petite éponge de mer / eau / 3 soucoupes / 2 tampons de mousse ronds de 35 mm de diamètre / 2 petits pinceaux d'artiste / poinçon / tenailles

INSTRUCTIONS

Adaptations

1 Ôtez la porte. Dévissez les tasseaux de l'étagère d'origine et réservez-les. Démontez les gonds et rebouchez les trous avec de la pâte à bois. Laissez sécher et poncez.

2 Pendant que la couche d'impression sèche, sciez les tasseaux dont vous aurez besoin (un pour le fond et deux pour les côtés de chaque étagère), en vous servant des anciens comme modèles. Il est préférable de remplacer planches et tasseaux d'origine, car vous aurez ainsi trois étagères absolument identiques.

3 Mesurez la largeur exacte de l'ouverture (elle est inférieure à celle des étagères) et coupez la frise en prévoyant 2,5 cm de débord de chaque côté. Coupez trois sections de latte de 40 mm à la largeur des étagères pour les trois bandeaux. Cet ajout peut paraître superflu, mais des étagères trop minces s'accorderaient mal au style de l'armoire et ne mettraient guère en valeur le gainage en tissu.

Assemblage

1 Percez trois ou quatre avant-trous, à intervalles réguliers, sur le dessus de chaque étagère, à environ 8 mm du bord avant. Encollez au pinceau la tranche d'un bandeau et appliquez-la sous l'étagère, de manière à l'aligner parfaitement sur le bord. Faites de même sur les deux autres étagères et laissez sécher 1 heure.

2 Décidez de l'emplacement des étagères. En vous servant de la règle, du niveau et de l'équerre, tracez à l'intérieur la ligne sur laquelle vous alignerez le bord supérieur des tasseaux. Reportez ces repères à l'extérieur (il vous serait en effet difficile de manier la perceuse à l'intérieur de l'armoire). Percez deux avant-trous au niveau de chaque tasseau. Pour cette étape, demandez l'aide d'une autre personne.

3 En commençant par le fond et par le haut, encollez chaque tasseau sur sa face la plus large et positionnez-le sous la ligne de repère. Procédez de la même façon sur les côtés. Assurez la fixation avec les vis (6 par étagère) et laissez sécher 1 heure.

4 Masquez tous les trous de vis avec de la pâte à bois, lissez au couteau, laissez sécher et poncez.

Peinture craquelée

Reportez-vous page 148 pour la technique des craquelures à l'eau. Vous ne peindrez que l'extérieur de l'armoire et une face de la frise. Nous avons d'abord passé une couche d'émulsion vinylique bleue, puis deux couches de vernis à craqueler, et enfin une autre couche d'émulsion, verte cette fois. Bien que cette couche supérieure ait été uniformément tirée en traits verticaux, vous remarquerez que les effets de craquelures varient énormément d'une zone à l'autre. Cela est dû au fait que notre armoire avait subi plusieurs réparations : des bois de nature et d'âge différents ne réagissent pas de la même manière !

Couche de protection

Agitez bien le vernis avant ouverture. Passez deux couches à la brosse à 3 heures d'intervalle.

Gainage

1 Repassez le tissu neuf pour éliminer les plis (ne sautez pas cette étape, vous le regretteriez).
2 Posez une étagère, sens dessus dessous, sur le tissu et utilisez-la comme gabarit, en comptant une marge de 2,5 cm sur le fond et sur les deux côtés. Avant de couper, repliez le tissu sur le devant par-dessus le bord inférieur du bandeau et prévoyez également une marge suffisante. Servez-vous de ce premier patron pour couper les deux autres.
3 Relevez les mesures de l'intérieur de l'armoire et établissez des patrons en papier kraft correspondant aux côtés, au fond, au haut et à la base. Posez-les sur le tissu et coupez en prévoyant toujours 2,5 cm de marge.
4 Versez la colle par petites quantités à la fois dans l'assiette. En vous servant d'un morceau de carton en guise de spatule, étalez une couche mince et uniforme sur tout l'intérieur de l'armoire et sur les étagères (sans omettre le dessous, là où viendront s'appliquer les rabats de tissu).
5 Gainez les étagères, en évidant les angles aux ciseaux pour plus de netteté et en lissant soigneusement avec un chiffon. Si le coton est fin, la colle aura tendance à traverser : épongez aussitôt l'excédent avec un linge propre. Gainez ensuite l'intérieur, dans l'ordre suivant : haut, base, fond et côtés.
6 Laissez sécher 2 heures et mettez les étagères en place.

Décor du store

1 Si nécessaire, ajustez la largeur du store à celle de l'ouverture (une petite scie à métaux sera nécessaire pour raccourcir l'enrouleur). La notice de montage donne généralement des explications détaillées.
2 Mélangez vigoureusement le glacis acrylique et l'émulsion bleue et appliquez à l'éponge sur l'endroit du store déroulé (voir page 170, étapes 1 et 2).
3 Reportez-vous page 164 pour l'impression au tampon des cercles ombrés vert sur blanc, en remplaçant la couleur acrylique par l'émulsion vinylique. Peignez le gland de plâtre en bleu et en vert avec les petits pinceaux d'artiste.

Montage final

1 Percez un trou, à travers le tissu, dans la baguette tendant l'extrémité du store et vissez-y le piton en laiton. Vous y suspendrez le gland, puis vous refermerez le crochet aux tenailles.
2 Fixez le store à l'intérieur de l'ouverture, en suivant la notice de montage.
3 Encollez l'envers de la frise, mettez-la en place et consolidez avec quelques pointes sans tête.

ADAPTATIONS

Un minimum d'outils, un maximum d'imagination : tel est notre mot d'ordre pour cette page. Seule l'armoire grillagée exige une scie – dans les autres cas, vous pourrez acheter les planches aux dimensions à un comptoir de bois à la coupe. À vous d'inventer des variantes... Regardez par exemple le vaisselier : un décor fleuri, peint à main levée sur un fond bleu sombre, lui donnera une fraîcheur naïve ; remplacez panneaux et frises par un encadrement de moulures, ajoutez une finition craquelée coquille-d'œuf (voir page 148) et vous aurez une étagère néoclassique.

Ci-contre : quatre pieds pour réhabiliter un bloc-chevet standard. Faites des essais en glissant des livres dessous afin de déterminer la meilleure hauteur. Nous avons utilisé ici des boules d'escalier en bois tourné (vous en trouverez dans les grandes surfaces de bricolage). Décor peint : impression acrylique ; finition vieillie bleue sur fond blanc (voir page 144). Nous avons souligné les moulures des pieds de filets turquoise foncé peints à main levée.

Ci-contre : une simple étagère devient vaisselier grâce à deux panneaux en médium et aux frises en bois découpé (fixation collée-clouée). Posez les coquilles Saint-Jacques (voir page 116) avant la couche d'apprêt. Décor peint : impression à l'eau ; peinture craquelée rose intense (voir page 148) sur fond jaune à l'extérieur, émulsion verte passée à la brosse sèche pour l'intérieur ; finition à la cire à céruser pour adoucir.

Ci-contre : rangement mobile pour tous ceux qui ont besoin d'un bureau à domicile sans disposer d'une pièce indépendante. Il s'agit d'une adaptation de l'armoire grillagée de la page 54, à laquelle on a ajouté deux étagères supplémentaires reposant sur des équerres, et quatre grosses roulettes. Attention ! un meuble aussi haut doit avoir une base bien rigide pour garder assez de stabilité sur des roulettes. Ici, nous avons renforcé le fond par une robuste planche en latté. De toute manière, évitez de ranger des objets lourds sur les étagères les plus hautes. Et, si vous n'installez pas de rideaux, il faudra également peindre l'intérieur.
Décor peint : sous-couche acrylique ; lissage à l'eau acajou (voir page 150) à l'extérieur ; lissage à l'eau (250 ml de glacis, 2 cuill. à soupe de gris de Payne et 1 ½ cuill. à soupe de blanc de titane) à l'intérieur ; primaire rouge pour métal et même glacis que pour l'extérieur.

Ci-dessus : ne jetez pas les tiroirs d'une commode hors d'usage ! Nous avons installé cloisons et compartiments intérieurs en contreplaqué (fixation collée-clouée) et voici un rangement mural pour cuisine ou salle de bains. Aux boutons, enlevés juste le temps de les peindre, vous accrocherez de petits objets.
Décor peint : finition laquée bleu porcelaine et jaune vif pour les boutons (voir page 142).

BUREAU MOBILE

Si vous trouvez dans quelque grenier une caisse d'emballage à charnières en lattes de sapin comme celle présentée sur la photographie ci-contre, ne la débitez pas en planches ! Quatre roulettes confortables, quelques tasseaux et un badigeon délavé extrêmement facile à réussir la transformeront en un bureau mobile. Un meuble d'appoint précieux pour ceux qui veulent garder leurs dossiers à portée de main, sans les mélanger à l'espace loisirs de leur salle de séjour. Cette solution présente deux avantages évidents. Le premier est la mobilité : si les enfants investissent l'espace salon, vous pouvez vous replier aisément dans la chambre. L'autre avantage est la discrétion : une fois le travail fini, le couvercle se rabat, et ni vu ni connu. Nous avons opté pour une finition translucide qui laisse apparaître le grain du bois et met en valeur la structure à lattes, en demandant un minimum de préparation. C'est pourquoi ce décor peint convient très bien à tous les meubles neufs en bois blanc. Vous pourrez remplacer le badigeon dont nous donnons la recette par une lasure toute prête. Ici, la note de sophistication est apportée par la luxueuse patine vieil or des poignées de corde, assortie aux reflets de bronze des roulettes.

NETTOYAGE ET PRÉPARATION

Si vous devez lessiver (voir pages 12-17), veillez à bien essorer votre éponge et à ne pas trop détremper le sapin, qui noircirait. Ne passez pas de couche d'impression

INGRÉDIENTS ET FOURNITURES

Adaptations et assemblage ➤ environ 1,50 m de tringle de métal de 6 mm de diamètre / environ 1,50 m de latte de section 25 x 25 mm/ 1 m de corde (chanvre ou synthétique) d'environ 2 cm de diamètre / 4 roulettes de 10 cm de diamètre avec visserie / 12 vis à bois / 4 gros clous décoratifs couleur bronze (facultatif)

Premier badigeon ➤ 210 ml d'émulsion vinylique blanc mat / couleurs acryliques : 4 cuill. à soupe de vert émeraude ; 1 cuill. à soupe de jaune de cadmium ; 1 cuill. à soupe de vert olive clair / 175 ml d'eau

Second badigeon ➤ 270 ml d'émulsion vinylique blanc mat / couleur acrylique : 2 cuill. à soupe de terre d'ombre naturelle / 175 ml d'eau

Patine vieux bronze ➤ peinture aérosol vert métallisé / 3 ⅓ cuill. à soupe de mixtion à dorer à l'eau / 1 cuill. à soupe de poudre métallique bronze / 3 ⅓ cuill. à soupe de vernis incolore

Dorure de la corde ➤ 1 cuill. à soupe de pâte à dorer couleur vieil or

MATÉRIEL

Règle plate / crayon / 1 dossier suspendu (pour vérifier l'écartement des tasseaux) / scie à métaux / ruban à masquer (facultatif) / scie à bois à main ou scie sauteuse / serre-joints / perceuse et mèches à bois plates de 6 mm et de 25 mm / tournevis / marteau / papier de verre grain moyen / gros ciseaux / 2 récipients à peinture / agitateurs / 2 brosses à émulsion de 50 mm / chiffons non pelucheux / assiette / gants jetables / masque de protection / bâche de protection / 1 petite brosse plate de 25 mm pour la mixtion à dorer / 1 petit pinceau très doux / 1 petite brosse à tableau / 1 brosse plate de 25 mm en soies de porc pour le vernis

INSTRUCTIONS
Adaptations

1 Mesurez avec précision la largeur intérieure de la caisse, reportez cette dimension quatre fois sur la tringle en métal (une bande de ruban à masquer peut servir de repère). Fixez solidement celle-ci sur le plan de travail avec deux serre-joints et coupez avec la scie à métaux quatre sections égales qui serviront de supports aux dossiers suspendus.

2 Mesurez ensuite la profondeur intérieure de la caisse et reportez-la quatre fois sur le métrage de latte, en traçant des repères au crayon. Bloquez avec les serre-joints et sciez sur les traits. Remettez chaque section dans les serre-joints et percez à environ 2,5 cm d'une extrémité un trou rond du diamètre de la tringle, en vous servant de la grosse mèche à bois plate de 6 mm, à vitesse réduite.

3 Reprenez une à une les lattes et (toujours dans le serre-joint) percez sur chacune, avec la petite mèche, trois avant-trous de vis du même côté que le trou rond.

4 Déterminez l'emplacement des poignées et tracez un repère correspondant aux deux extrémités. Avec la mèche de 6 mm, percez deux trous ronds (ils sont ici à 11 cm l'un de l'autre et à 10 cm du haut de la caisse). Poncez soigneusement les bords. Coupez la corde en deux.

Assemblage

1 Enfilez chaque extrémité des deux supports métalliques dans le trou d'une section de latte. Positionnez ces deux potences dans la caisse (tige au-dessus), une à un bout, en calant les deux lattes dans les angles, l'autre à distance convenable – le mieux est de placer un dossier suspendu à cheval sur les deux tiges pour mesurer. Marquez au crayon la position de cette seconde paire de lattes.

2 Vissez les potences sur la caisse, de l'intérieur, ce qui sera difficile avec l'embout-visseur de la perceuse. Si vous ne disposez pas d'une petite visseuse-dévisseuse sans fil, il vous faudra employer le tournevis – et un peu d'énergie !

Badigeon

1 Voir page 140 la technique du badigeon sur bois brut. Nous avons passé ici deux couches à l'intérieur et à l'extérieur de la caisse (dessous excepté), la première vert clair et la seconde ivoire.

2 Le même badigeon vert a servi pour les deux segments de corde. Enfilez des gants jetables, versez du badigeon dans l'assiette et tamponnez avec un chiffon propre jusqu'à ce qu'il soit bien imbibé. Tenez le chiffon dans une main et enveloppez-en la corde, avec un mouvement de va-et-vient tournant, dans le sens des fibres. Rechargez régulièrement le chiffon de badigeon. Laissez sécher.

Peinture des roulettes

Protégez toute la surface de travail avec une bâche en plastique lorsque vous utilisez une peinture en aérosol et n'oubliez pas de mettre le masque protecteur contre les émanations toxiques.

Retirez les roulettes de leur logement en desserrant les écrous avec une clé à pans. Voir page 169 la technique de dorure à la poudre métallique. Il nous a paru ici plus simple d'utiliser comme base une peinture en aérosol.

Montage final

1 Remontez les roulettes (serrez à fond).

2 Retournez la caisse sens dessus dessous et vissez solidement les roulettes aux quatre coins de la base, en vous conformant à la notice de montage.

3 Faites un nœud très serré à l'une des extrémités d'un segment de corde. En partant de l'intérieur, enfilez-le dans un trou puis faites-le repasser dans le trou adjacent, en ramenant donc la corde à l'intérieur. Laissez assez de longueur à l'extérieur pour glisser la main et faites un autre nœud. Procédez de même de l'autre côté.

4 Enfoncez les clous décoratifs sur le dessus du couvercle.

5 Appliquez au chiffon de la pâte à dorer sur les poignées de corde, en insistant sur les reliefs. Attendez 15 minutes et lustrez avec un autre chiffon.

BUFFET GRAND-MÈRE

Le haut et le bas de ce buffet de cuisine rétro proviennent de deux meubles différents mais s'accordent à merveille... Tous deux étaient revêtus d'un vernis faux bois assez hideux mais en bon état, si bien que la préparation s'est limitée à un vigoureux ponçage. L'élément bas avait un dessus en stratifié façon bois que nous avons recouvert d'une feuille de zinc. Autre clin d'œil au style bistro : le motif « tasse » en imitation de verre sablé des vitres de l'élément haut, auquel répondent les motifs « thé » et « café » en métal repoussé des portes du bas.

NETTOYAGE ET PRÉPARATION

Après nettoyage et ponçage, passez une couche d'impression à l'eau (voir pages 12-17) sur toutes les surfaces extérieures, à l'exception des panneaux des portes du bas

INGRÉDIENTS ET FOURNITURES

Adaptations ➤ 2 plaques de métal à repousser façon étain, aux dimensions des panneaux / feuille de zinc pour le dessus
Préparation ➤ peinture pour carrosserie métallisée argent en aérosol (pour les charnières)
Première couleur (ivoire) ➤ 330 ml d'émulsion vinylique blanc mat / couleur acrylique : 3 cuill. à soupe de terre d'ombre naturelle
Réserve ➤ 250 ml de cire blanche pour meubles
Seconde couleur (bleu, 2 couches) ➤ 600 ml d'émulsion vinylique blanc mat / couleurs acryliques : 105 ml de bleu monastial ; 3 cuill. à soupe de gris moyen
Couche de protection ➤ 350 ml d'encaustique à la cire d'abeille
Métal repoussé ➤ 100 ml de white-spirit / 100 ml d'encaustique à la cire d'abeille / 200 ml de colle contact multi-usages (fixation forte) /
Motifs façon verre sablé ➤ 150 ml de vernis opaque texturé pour verre
Zinc ➤ 125 ml de colle contact multi-usages (fixation forte)
Montage ➤ pointes sans tête (fixation des vitres) / environ 40 clous à tête plate en laiton
Accessoires ➤ 4 poignées de porte / 2 boutons de tiroir / visserie

MATÉRIEL

Tournevis / tenailles / petit ciseau à bois (facultatif) / pointeau ou petit chasse-clou / marteau / maillet en caoutchouc / planche en aggloméré de 35 x 65 cm (pour repousser le métal) / griffe ou pointe à tracer / ciseau à froid / gros poinçon / 30 cm de latte section 50 x 50 mm (pour plier le zinc) / cisaille à métal / ruban plastique adhésif / papier journal en quantité suffisante / ciseaux / papier de verre grain moyen et grain fin / abrasif à sec et à l'eau / laine d'acier / crayon-feutre / marqueur universel / règle plate / équerre / photocopieur / papier-calque / nettoyant à vitres / table de coupe / scalpel / ruban à masquer / assiette / 2 récipients à peinture / agitateurs / 2 brosses à émulsion de 50 mm / 2 brosses rondes de 25 mm / 1 brosse de 25 mm (pour le vernis opaque des vitres) / chiffons non pelucheux / eau / gants de protection r ésistant aux solvants / masque de protection / 1 mini-rouleau mousse de 100 mm

CAFÉ
THÉ

BUFFET GRAND-MÈRE

INSTRUCTIONS

Préparation

1 Séparez les deux corps du buffet. Dévissez poignées et boutons de porte. Démontez les charnières et réservez leurs vis. Passez sur les charnières deux couches de peinture argent en aérosol, à 1 heure d'intervalle.

2 Écartez doucement les pointes qui retiennent les vitres et arrachez-les avec les tenailles. Retirez les vitres avec précaution. Grattez éventuellement le vieux mastic avec un petit ciseau, mais prenez garde à ne pas abîmer les feuillures.

3 Enveloppez les vitres dans plusieurs épaisseurs de papier journal, numérotez-les au feutre (afin de ne pas vous tromper de sens) et mettez-les en lieu sûr. Démontez les portes pour les peindre.

Peinture vieillie

Voir page 144 la technique de la réserve à la cire. Si vous voulez une patine très subtile, appliquez la cire plus parcimonieusement, presque uniquement sur le bord des portes et sur les moulures.

Couche de protection

Après séchage, passez uniformément l'encaustique à la cire d'abeille avec un tampon de chiffon. Laissez pénétrer une quinzaine de minutes et lustrez.

Décor et fixation des panneaux de métal repoussé

Voir page 177 la technique du métal repoussé et les détails de la fixation. Décalquez les motifs de la page 182. Nous avons ici souligné les panneaux (ils mesurent approximativement 30,5 x 62 cm) d'une bordure, à 12 mm du bord. Les points formant les motifs et les bordures sont espacés de 1 cm, mais ceux des lettres doivent être beaucoup plus rapprochés (environ 5 mm).

Motifs façon verre sablé

Voir page 180 pour la technique du décor sur verre. Vous trouverez les motifs page 182. Ici, pour des panneaux de 28 x 46 cm, nous avons employé du ruban à masquer de 2,5 cm de largeur pour laisser en réserve les bandes horizontales au-dessus et au-dessous des tasses. Pensez à inverser l'un des motifs de tasse, en décalquant pour la symétrie.

Pliage du zinc

1 Tracez un gabarit du dessus du buffet sur du papier journal, en prévoyant l'épaisseur de la tranche et des marges pour les rabats. Voir le schéma page 182 pour un dessus de buffet de 44 x 85 cm.

2 Appliquez votre gabarit sur l'envers de la plaque de zinc, fixez-le avec du ruban à masquer, reportez le contour au marqueur universel et découpez à la cisaille.

3 Reportez ensuite sur la plaque de zinc les lignes de pliure, en vous servant de la règle et de l'équerre. Plus le tracé sera précis, plus le pliage sera facile.

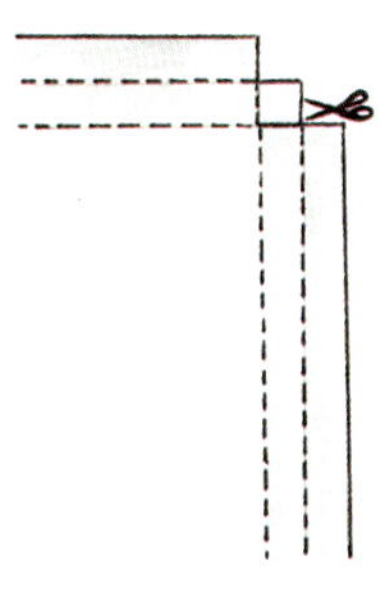

4 Reprenez la cisaille et évidez soigneusement les angles séparant le rabat du devant des rabats des côtés, en vous aidant du schéma ci-contre.

5 Arondissez les arêtes au maillet et protégez-les avec du plastique adhésif pour ne pas vous couper en travaillant.

6 Reportez-vous à la technique de pliage du zinc page 25. La première étape (entamer le métal à la griffe puis marquer la pliure avec le ciseau à froid) se fait sur l'envers. Retournez ensuite la plaque de zinc pour la positionner sur le dessus, qui servira de forme. Il faudra vous armer de patience pour réussir toutes les pliures. La latte de bois est indispensable car si vous martelez directement sur le zinc, vous abîmerez la surface. Vous vous apercevrez que cet « intercalaire » de bois répartit la pression plus uniformément sur le métal et le rend plus malléable.

Fixation du zinc

1 Retirez le zinc et passez l'envers au papier de verre. Poncez aussi le dessus du buffet. Nettoyez au chiffon humide.
2 Mettez votre masque, remuez vigoureusement la colle et appliquez-la en couche uniforme sur les deux surfaces (envers du zinc poncé et dessus du buffet) avec le pinceau ayant déjà servi à encoller les panneaux des portes.
3 Mettez le dessus de zinc en place en pressant d'abord fermement avec les mains, puis en martelant doucement la surface (toujours avec la latte interposée). La colle met environ 25 minutes à sécher.
4 Continuez ce travail au marteau sur les tranches pour bien fixer les pliures. Formez également les rabats du devant et des côtés.
5 Terminez par les coins. Avec les tenailles, pliez chaque petit carré d'angle sur sa diagonale, en soulevant les coins opposés alternativement vers l'avant et vers l'arrière (voir figure 1). Reprenez ensuite marteau et latte pour rabattre ces deux triangles le long des deux tranches perpendiculaires. Martelez doucement pour émousser les angles.
6 Percez deux petits trous avec un poinçon ou un foret à métal et maintenez chaque triangle avec un clou en laiton (voir figure 2). Ces huit points de fixation suffisent, mais nous aimons le contraste du laiton sur le zinc et nous avons ajouté des clous sur toute la bordure (leur tige est longue, aussi raccourcissez-les auparavant avec les tenailles).
7 Frottez le dessus à la laine d'acier, par mouvements circulaires légers, pour polir la surface (le zinc neuf est souvent revêtu d'un mince film protecteur siliconé). Essuyez avec un chiffon humide.

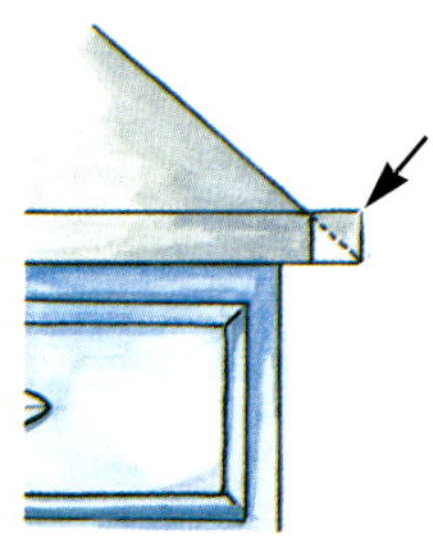

Fig. 1 Vue de devant

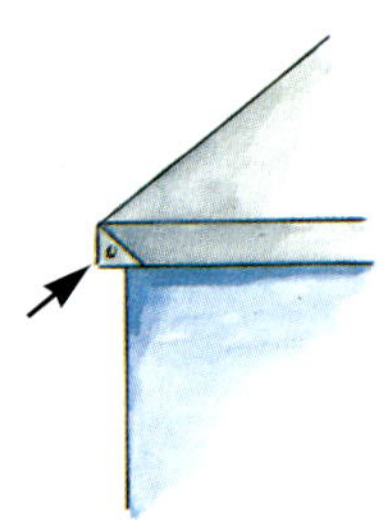

Fig. 2 Vue latérale

Montage final

1 Reposez les vitres, en les maintenant en place avec des pointes sans tête.
2 Remettez les charnières en place et remontez toutes les portes. Vissez les poignées et les boutons de tiroirs neufs. Superposez enfin les deux corps de buffet.

UNE TABLE EN OR

Ces tables de salle à manger à plateau circulaire et piétement en croix abondent dans les dépôts-ventes. Nous avons volontairement choisi ici le modèle le plus bas de gamme (plateau en contreplaqué mélaminé blanc) pour réaliser un superbe décor doré – suggestion à retenir pour une table de Noël. L'idée a en tout cas le mérite d'attirer l'attention sur un support injustement négligé : le dessus de la table. Il vous faudra sans doute plus de patience pour dessiner correctement le motif échiquier que pour appliquer les feuilles de cuivre imitation or.

UNE TABLE EN OR

NETTOYAGE ET PRÉPARATION

Préparez les surfaces et passez une couche d'apprêt à l'eau en suivant les instructions des pages 12 à 17

INGRÉDIENTS ET FOURNITURES

Fond ➤ 700 ml d'émulsion vinylique blanc mat / couleur acrylique : 300 ml de bleu monastial
Dorure ➤ 350 ml d'émulsion vinylique bleu profond du commerce / 350 ml de mixtion à dorer à l'eau / 40 feuilles de cuivre imitation or
Couche de protection ➤ 1 litre de vernis acrylique satiné incolore (2 couches)

MATÉRIEL

Récipient à peinture / agitateurs / 2 brosses à émulsion de 50 mm / crayon / équerre de grandes dimensions / règle plate / 1 punaise / marteau / papier journal, ruban adhésif et ciseaux pour gabarit (facultatif, voir ci-dessous) / environ 1 m de ficelle / papier millimétré (facultatif) / ruban à masquer / gants jetables / 1 brosse plate de 25 mm en soies de porc / 1 pinceau rond de 25 mm à poils très doux / 1 brosse à vernir de 50 mm

INSTRUCTIONS

Couleur de fond

Versez l'émulsion blanche dans le récipient, ajoutez le bleu monastial et mélangez vigoureusement. Passez une couche mince et uniforme sur toutes les surfaces avec une des brosses à émulsion et attendez 3 heures avant d'appliquer la seconde couche. Laissez sécher à fond.

Tracé du motif

1 S'il s'agit d'une table à abattants latéraux, fermez-la de manière à avoir deux bords rectilignes. En vous servant de la règle et de l'équerre, tracez au crayon les lignes parallèles joignant ces deux côtés : vous obtenez un rectangle. Tracez maintenant les diagonales de ce rectangle : leur point d'intersection est le centre de la table. Vous pouvez sauter l'étape suivante et redresser les rallonges.

2 S'il s'agit d'une table à plateau circulaire d'un seul tenant, assemblez plusieurs feuilles de papier journal au moyen de ruban adhésif et retournez la table, plateau en dessous, sur cette surface. Reportez la circonférence au crayon sur le papier. Découpez le cercle ainsi obtenu, pliez-le en deux puis encore en deux : l'intersection des pliures vous donnera le centre.

3 Remettez la table sur ses pieds et étendez dessus le gabarit. Plantez la punaise au centre après y avoir fixé la ficelle.

4 En tendant la ficelle, vous obtenez un compas à l'aide duquel vous allez tracer le cercle contenant le motif échiquier ; déterminez d'abord le rayon et attachez le crayon à cet endroit. Faites tourner la ficelle autour de la punaise pivot, en laissant le crayon au contact de la table.

5 À l'aide de l'équerre, divisez le cercle en quartiers. En partant des deux diamètres perpendiculaires, tracez les lignes à angle droit qui correspondent aux cases de votre échiquier. Nous avons opté ici pour des carrés de 12,5 cm de côté (on trouve des feuilles de métal de cette taille, ce qui facilite évidemment le travail), mais vous pouvez prévoir des cases plus petites. Tracez au besoin un plan sur du papier millimétré.

Dorure à la feuille

Reportez-vous à la page 168 pour la technique de la dorure à la feuille, appliquée à un carré sur deux, en quinconce. Posez une grille de ruban à masquer pour appliquer sans bavures la couche de base bleu foncé et la mixtion à dorer. À vous de décider jusqu'à quel point le fond doit transparaître (une dorure un peu irrégulière est d'un effet plus naturel).

Couche de protection

Agitez bien le vernis avant emploi et passez deux couches, à 3 heures d'intervalle, sur le plateau et sur le piètement.

IMPRESSIONS EN NÉGATIF

Un cache est comme un pochoir inversé : la peinture est appliquée sur toute la surface, excepté sur le motif, qui se détache alors en négatif sur un fond contrasté. Cette technique extrêmement simple convient bien aux formes végétales, en particulier aux feuilles d'arbre, mais vous n'êtes pas obligé pour autant de vous limiter aux couleurs de la nature ! Pour obtenir des contours bien nets, vaporisez sur vos caches en carton ou en plastique de la colle à montages successifs en aérosol. Ce produit très toxique racornirait toutefois les belles fougères de la page de droite : vous vous contenterez donc de quelques points de gomme arabique et vous vaporiserez par petites pressions.

Ci-dessous : les feuilles de platane voltigeant au vent d'automne nous ont inspiré ce décor très réaliste. Nous avons utilisé comme caches plus de cinquante feuilles ramassées au cours de nos promenades. Décor peint : base, voir page 52 ; peinture acrylique en aérosol bourgogne pour la seconde couleur.

Ci-dessus : cette technique convient aux formes simples et aux surfaces lisses qui font ressortir les contours. Mais la peinture en aérosol permet aussi de tirer de ravissants effets de formes complexes. Ici, ce sont des napperons de dentelle plastifiée qui ont fourni des caches prêts à l'emploi. Décor peint : acrylique en aérosol crème pour le fond ; acrylique en aérosol bleu outremer pour la seconde couleur.

Ci-dessus : les fougères font des caches superbes. Si vous n'avez pas l'occasion de vous promener dans les sous-bois, allez voir votre fleuriste... Posez les feuilles sur l'endroit, car les spores peuvent tacher le support.

Décor peint : acrylique en aérosol rose saumon pour la base et bourgogne (comme à gauche) en seconde couleur.

DE TABLE EN CONSOLES

Faire d'une table deux tables ! Voici un projet qui s'inscrit en plein dans notre programme de réhabilitation du mobilier. Surtout quand on part d'une petite table « à tout faire » totalement dénuée de caractère : un plateau rectangulaire en bois composite à revêtement lamifié et à quatre pieds droits... Trop grande pour une cuisine étroite et pour les chambres exiguës des appartements modernes ; trop petite pour une vraie salle à manger... De ce meuble ingrat nous avons tiré deux étroites consoles qui se glissent partout : dans un couloir, derrière une autre table, dans une minuscule entrée, et même dans une salle de bains – ajoutez un miroir, et ce sera une coiffeuse. N'oubliez pas toutefois que cette console n'a que deux pieds et que, par conséquent, elle doit être fixée au mur. C'est enfin une idée astucieuse pour tirer parti d'une table ayant un pied cassé. Nous avons opté ici pour le gothique-baroque, mais, si vous préférez un autre style, il suffit de modifier les découpes des parties ajoutées.

NETTOYAGE ET PRÉPARATION

Nettoyez, décapez et poncez (si nécessaire). Passez une couche d'impression (voir pages 12-17)

INGRÉDIENTS ET FOURNITURES

Adaptations ➤ médium en 9 mm (environ 1 m x 1 m pour deux consoles)
Assemblage ➤ métrage (à déterminer) de tasseau en 19 x 19 mm / métrage (à déterminer) de tasseau en 12 x 12 mm / 50 ml de colle à bois vinylique / environ 40 pointes / 12 vis
Couleur de base ➤ 440 ml d'émulsion vinylique blanc mat / couleurs acryliques : 2 cuill. à soupe de terre d'ombre naturelle ; 2 cuill. à soupe de terre d'ombre brûlée
Technique de réserve ➤ 100 ml de cire blanche pour meubles
Seconde couleur ➤ 500 ml d'émulsion vinylique mate rouge flamme
Patine ➤ 150 ml de glacis acrylique / 1 cuill. à soupe d'émulsion vinylique mate rouge flamme / couleur acrylique : ½ cuill. à soupe de terre d'ombre naturelle
Découpages ➤ photocopies / 100 ml d'encre verte soluble à l'eau / 5 cuill. à café d'eau (pour diluer) / 50 ml de colle blanche vinylique
Patine à la cire ➤ 50 ml de cire blanche pour meubles / couleurs à l'huile pour artistes : 1 cuill. à café de terre de Sienne naturelle
Fixation ➤ chevilles et vis pour fixation murale (voir pages 27-28)

MATÉRIEL

Crayon / règle plate métallique / niveau / équerre / tournevis / marteau / serre-joints / scie sauteuse / perceuse et mèche appropriée pour le type de mur / masque de protection / papier de verre grain moyen et grain fin / photocopieur / papier millimétré / ciseaux / 2 récipients à peinture / agitateurs / 3 soucoupes / 3 brosses à émulsion de 50 mm / 1 pinceau rond de 15 mm (pour la colle) / 1 brosse ronde de 25 mm (pour la technique de réserve) / chiffons non pelucheux / boules de coton hydrophile / 1 petite brosse à tableaux (pour souligner les découpages) / 1 petite éponge de mer / papier journal pour protéger la surface de travail / 1 queue-de-morue de 25 mm (pour la cire à patiner)

INSTRUCTIONS

Adaptations

PORTEZ TOUJOURS UN MASQUE POUR TRAVAILLER LE MÉDIUM.

1 En vous servant de la règle graduée et de l'équerre, tracez une ligne qui partage longitudinalement le plateau de la table. Ici, nous avons coupé notre table en deux moitiés égales pour obtenir deux consoles de 29,5 x 91 cm. Si votre table est plus large, ou bien si vous voulez des consoles plus étroites, tracez deux lignes parallèles, à égale distance de chacun des grands côtés, et éliminez la bande centrale.

2 Immobilisez la table le mieux possible (par exemple en la bloquant entre deux meubles lourds) et sciez le long de la (ou des) ligne(s). Séparez les deux parties et poncez les sections au papier de verre.

3 Mesurez avec précision cette section sciée. Décalquez page 183 le dessin du dosseret et agrandissez-le à 300 % au photocopieur (format A3). Agrandissez-le ensuite au format réel sur du papier millimétré. Faites de même pour le dessin des entretoises décoratives reliant chaque pied à la façade (côté non scié).

4 Découpez ces gabarits (il vous faudra deux dosserets et quatre entretoises pour deux consoles) et vérifiez qu'ils sont à la bonne taille en les positionnant sur la console. Procédez éventuellement aux adaptations nécessaires : il est encore temps à ce stade de modifier un peu la hauteur, d'adoucir ou de creuser une courbe, etc.

5 Reportez les contours sur le médium (en ayant soin d'inverser le sens de la seconde entretoise pour la symétrie).

6 Immobilisez la plaque de médium dans des serre-joints et découpez le plus nettement possible à la scie sauteuse. Étant donné la finesse de son grain, le médium présente une section lisse et n'a pas besoin d'être poncé.

Assemblage

1 Couchez une console de façon que la section sciée se trouve sur le dessus. Demandez à une autre personne d'appliquer le dosseret contre ce bord scié et de le maintenir en position pendant que vous marquerez au crayon l'emplacement des six vis qui assureront sa fixation (quatre vis dans la tranche du plateau et deux dessous, aux deux extrémités, pour solidifier l'ensemble).

2 Gardez le dosseret en place et percez les six avant-trous, en vérifiant que la mèche traverse bien le médium et morde dans le bois de la table.

3 Fixez le dosseret avec les vis. Redressez la table.

4 Prenez le tasseau de 19 mm de section et sciez une longueur égale à celle de la console. Placé à cheval, il servira à consolider l'assemblage plateau-dosseret.

5 Appliquez au pinceau une bande de colle au dos de la console, là où le tasseau viendra en renfort. Mettez celui-ci en place, pressez uniformément sur toute la longueur et consolidez avec quatre pointes.

6 Retournez la console, plateau en bas. Positionnez une entretoise. Maintenez-la en place avec deux pointes sans tête (une dans le pied et une dans le plateau). Posez de même la seconde entretoise.

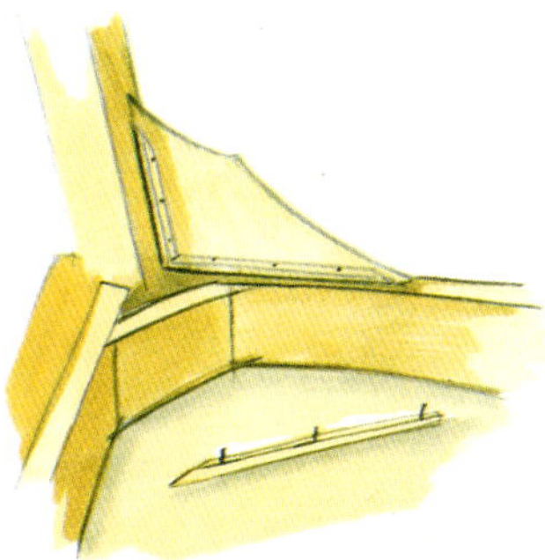

7 Dans le tasseau de 12 mm, sciez quatre segments correspondant aux côtés perpendiculaires des entretoises (deux longs et deux courts). Ils assureront la fixation tout en consolidant l'ensemble.

8 Encollez les petits tasseaux sur deux côtés et appliquez-les d'une part sur la face intérieure de l'entretoise, d'autre part sur le pied et le dessous du cadre (voir schéma ci-contre). Complétez la fixation par trois ou quatre longues pointes fines. Nous avons ici collé les tasseaux déjà garnis de leurs pointes (en les enfonçant toutes à la fois) afin de ne pas déstabiliser l'assemblage.

9 Répétez les étapes 1 à 8 pour l'autre console. Laissez sécher les encollages au moins 1 heure avant de peindre.

Peinture et patine

Voir page 144 pour la technique de réserve à la cire et page 147 pour l'application des glacis à patiner. Le fond couleur coquille d'œuf apparaît sous le rouge flamme de la deuxième peinture, et l'éclat du rouge est assourdi par la terre d'ombre du glacis.

Découpages

Voir page 161 pour la recette de base et pour teinter les découpages avec une encre diluée à l'eau (ne pas tenir compte des étapes « couche de base » et « vernis »).

Patine à la cire

Voir page 146. La cire est ici teintée avec une terre de Sienne naturelle qui donne de chauds reflets chamoisés.

Fixation au mur

Demandez à nouveau de l'aide : pour maintenir la console contre le mur pendant que vous percerez les avant-trous dans le bas du dosseret et dans le mur. Garnissez avec les chevilles adéquates (voir pages 27-28) et vissez.

LES MÉTAMORPHOSES D'UNE TABLE RONDE

La table de jardin ou de terrasse est aussi un de ces meubles de base qui se prêtent à tous les décors, passant même, au gré des modes, du balcon à la cuisine ou au salon. On en trouve pour tous les goûts et pour toutes les bourses : pièces d'antiquité en fonte ou en fer forgé, traditionnel plateau rond en métal peint vert d'eau ou blanc, imitations d'ancien ou formes contemporaines en plastique (qui se peint très facilement). Nous nous sommes concentrés ici sur le décor du plateau, mais le piétement peut lui aussi recevoir différentes finitions (vert-de-gris, bronze métallisé, par exemple). La mosaïque ci-dessous peut s'adapter à toutes les tailles et à toutes les formes. Vous pouvez aussi pousser plus loin le concept du trompe-l'œil en reproduisant le dessin d'une assiette sur chaque cercle.

MOSAÏQUE EN TROMPE-L'ŒIL

NETTOYAGE ET PRÉPARATION

Nettoyez, poncez et passez une couche d'impression selon la nature du support et l'état de la table (voir pages 12-17)

INGRÉDIENTS ET FOURNITURES

Adaptations ➤ petits carreaux de mosaïque en terre cuite vernissée d'environ 20 mm de côté, en quantité suffisante pour couvrir le plateau de la table. Pour la mosaïque présentée ici : 100 en bleu-vert / 100 en vert clair / 275 en bleu marine (fond) / 40 en orange / 40 en rouge vif / 120 en jaune d'or (fond des cercles) / 25 en noir / 50 de couleurs assorties (or et turquoise)

Pose des carreaux ➤ 500 ml de colle à carrelage

Joints ➤ 500 ml de mortier prêt à l'emploi

Coloration du mortier ➤ couleurs acryliques :
2 cuill. à café vert olive clair ;
1 cuill. à café de blanc de titane ;
5 cuill. à café d'eau

MATÉRIEL

Voir page 174 (à l'exception du matériel servant à décalquer le motif et à le reporter sur la table)

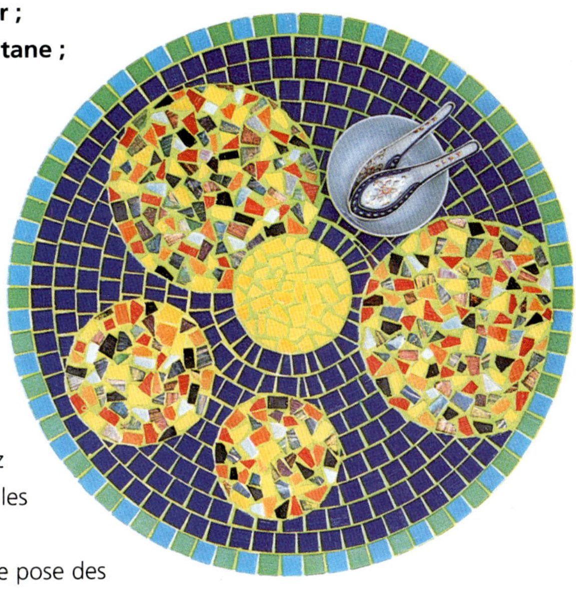

INSTRUCTIONS

Servez-vous comme gabarits d'assiettes et de plats de différents diamètres. Prévoyez un joint de 2 à 3 mm entre les carreaux ou les fragments.
Voir page 174 la technique de pose des carreaux. Faites un essai de composition en posant les carreaux sur le fond avant de les encoller.

DÉCOR BULLES

NETTOYAGE ET PRÉPARATION

Si une table en métal peint est piquée de rouille, décapez à la brosse métallique et passez une primaire à l'oxyde rouge (voir pages 12-17)

INGRÉDIENTS ET FOURNITURES

Cercle extérieur, base ➤ 300 ml d'émulsion vinylique mate jaune soleil
Cercle extérieur, 2e couche ➤ couleurs acryliques : 4 cuill. à café de jaune de cadmium ; 2 cuill. à café de blanc de titane
Cercle intérieur, base ➤ 150 ml d'émulsion vinylique blanc mat / couleurs acryliques : 125 ml de bleu de cobalt ; 5 cuill. à café de vert émeraude
Cercle intérieur, 2e couche ➤ couleurs acryliques : 5 cuill. à café de bleu de phtalocyanine
Bulles ➤ couleurs acryliques : 8 cuill. à soupe de blanc de titane ; 4 cuill. à soupe de bleu de phtalocyanine ; 4 cuill. à soupe de jaune-vert brillant
Couche de protection ➤ 750 ml de vernis marine incolore mat (3 couches)

MATÉRIEL

Grand compas / crayon / règle / 1 feuille (A2) de film spécial pour transfert / scalpel / table de coupe / 2 brosses à émulsion de 35 mm / 5 soucoupes / 2 brosses à émulsion de 50 mm / 3 tampons de mousse ronds de 35 mm de diamètre / 1 brosse à vernis de 50 mm

INSTRUCTIONS

Voir page 31 le mode d'emploi du film pour transfert. Tracez un cercle de 27 cm de diamètre sur le film, évidez-le au scalpel et gardez les deux parties. Masquez le centre de la table et passez la base sur le cercle extérieur. Laissez sécher 3 heures. Appliquez la deuxième couche à la pointe de la brosse sèche. Répétez pour le cercle intérieur, en inversant les masques. Voir page 164 la technique de la peinture au tampon.

LAPIS-LAZULI

Reportez-vous page 154 pour la recette de base de la peinture projetée, en doublant les quantités par rapport au tabouret. Tenez ici la brosse à 30-35 cm de la surface de la table (le mouchetage sera ainsi moins fin). N'oubliez pas de protéger tout autour avec du papier journal ou une bâche plastique. Pour le vernis, voir page précédente.

DÉCOUPAGE

Voir page 161 la marche à suivre pour teinter vos découpages avec des encres de couleur. Nous avons utilisé ici 150 ml d'encre vert vif. Après la base (500 ml d'émulsion vinylique blanc mat et 3 ⅓ cuill. à soupe de pourpre de dioxazine acrylique), la 2e couche (150 ml de glacis acrylique coloré avec 2 cuill. à café de pourpre de dioxazine) est passée à la brosse presque sèche. On peut aussi recouvrir tout le plateau de la table de découpages.

BOSCH

CUISINE MÉTALLISÉE

Ce sont des peintures métallisées pour carrosseries qui ont ainsi rajeuni ce triste élément de cuisine en Formica, promu meuble du XXIe siècle. Et, pour compléter la cure de jouvence de la cuisine, nous avons appliqué un décor identique au bloc réfrigérateur-congélateur, qui semble maintenant s'escamoter dans le mur.

NETTOYAGE ET PRÉPARATION

Voir pages 12-17 la préparation des surfaces lamifiées. Impression acrylique en aérosol (voir aussi page 99 pour la technique de la vaporisation)

INGRÉDIENTS ET FOURNITURES

Adaptations ➤ plateau de bois lamellé de 25 mm coupé aux dimensions, pour le plan de travail / bordure chromée adhésive de 2,5 cm
Accessoires ➤ / 6 boutons de porte et de tiroir chromés, avec leur visserie
Peinture des encadrements des portes et des tiroirs (quantités approximatives données pour un élément bas de 88 x 106 cm et pour un élément haut de 71,5 x 97 cm) ➤ peinture en aérosol pour carrosserie : 300 ml de cuivre métallisé ; 400 ml de bordeaux ; 400 ml de vert olive / 300 ml de bleu clair métallisé ; 150 ml de chamois métallisé
Couche de protection ➤ 1,2 litre de vernis acrylique satiné incolore (2 couches)

MATÉRIEL

Tournevis / bâches de protection en plastique / ruban à masquer en 10 cm de largeur / ciseaux / masque de protection / 4 feuilles de film pour transfert en A3 / grand compas (à défaut, un plat ou un objet circulaire de diamètre approprié) / crayon / table de coupe / scalpel / équerre / règle plate / niveau / couteau à manche rond / perceuse et mèche à bois (facultatif)

INSTRUCTIONS
Adaptations

Travaillez toujours dans une pièce bien ventilée quand vous peignez à l'aérosol, et faites des pauses fréquentes. Protégez toutes les surfaces environnantes.

1 Retirez les tiroirs et démontez les portes (conservez les gonds et les charnières).

2 Dévissez les poignées et les boutons de porte (mettez de côté la visserie), même si vous avez l'intention de les réutiliser – ils vous gêneraient pour peindre.

3 Retirez le plan de travail de l'élément du bas, en veillant à ne pas endommager la structure du meuble. Regardez bien comment il est fixé. Lorsqu'il sera déposé, prenez ses dimensions exactes et rectifiez au besoin celles du nouveau plan de travail.

Peinture des encadrements et des tiroirs

Si vous travaillez à l'intérieur, protégez sols et meubles environnants avec des bâches (réutilisez celles qui ont servi pour l'impression). Vaporisez la peinture cuivre sur les plinthes et le bordeaux sur le reste de l'élément bas (extérieur seulement). Posez des caches en ruban à masquer pour obtenir des délimitations bien nettes entre les plinthes et le reste du meuble (voir page 31 la confection des caches).

Portes supérieures

1 Pour peindre le cercle bleu sur le fond chamois de la porte de gauche, découpez un modèle dans le film pour transfert (voir page 31). Vous pourrez ainsi masquer alternativement le cercle et le fond. Si vous n'avez pas un grand compas, inutile d'en acheter un. La méthode la plus simple et la plus pratique consiste à prendre comme guide un plat rond de même diamètre (34 cm pour notre cercle) et à suivre son contour au crayon.

2 Pour peindre le rectangle de la porte de droite, vous poserez un cadre en ruban à masquer (qui vous servira également à fixer du papier journal sur les surfaces environnantes). N'oubliez surtout pas de vérifier l'horizontalité des lignes avec un niveau et servez-vous de l'équerre pour que les verticales soient d'aplomb.

Portes du bas

1 Pour peindre les larges bandes vert olive et cuivre sur la porte de gauche, installez également des caches en ruban à masquer et en papier journal, en procédant exactement de la même manière.

2 Pour la porte de droite, reportez-vous aux explications concernant la porte supérieure gauche, mais en inversant les couleurs : le cercle sera chamois. Laissez sécher.

Couche de protection

Agitez longuement le vernis avant emploi et appliquez deux couches régulières, à 3 heures d'intervalle, sur toutes les surfaces peintes et sur le nouveau plan de travail.

Montage final

1 Posez le nouveau plan de travail en place en utilisant la même méthode de fixation que pour l'ancien, afin de pouvoir réutiliser la visserie.

2 Mesurez les tranches que vous souhaitez recouvrir de bordure chromée adhésive et coupez le(s) métrage(s) nécessaire(s) avec les ciseaux.

3 Dégagez le début de la bordure de son papier de protection et appliquez-la sur l'extrémité d'une tranche. Déroulez peu à peu, en détachant au fur et à mesure le papier et en lissant avec le manche rond d'un couteau (voir page 21). Travaillez par petites sections à la fois.

4 Si nécessaire, percez de nouveaux avant-trous sur la face intérieure des portes et des tiroirs pour y visser les poignées et les boutons.

5 Remontez les portes en utilisant les gonds d'origine.

PEINTURE DU BLOC RÉFRIGÉRATEUR-CONGÉLATEUR

Vous utiliserez la même technique et la même peinture en aérosol pour le combiné réfrigérateur-congélateur (que vous aurez, bien sûr, préalablement dégivré et débranché).

Lessivez avec une solution de cristaux de soude. Entourez poignées et garnitures chromées de ruban à masquer, mais n'essayez pas de les démonter : vous risqueriez d'endommager l'appareil. Ne vaporisez en aucun cas sur la partie arrière, à proximité du bloc moteur. Peignez avec la porte fermée et ouvrez la porte pour le séchage.

Pour ce combiné de 58,5 x 183 cm, nous avons utilisé 800 ml de primaire acrylique grise, 1,2 litre de peinture aérosol argentée, 400 ml de bleu métallisé pour carrosserie et 400 ml de vernis-laque en spray.

FINITIONS MÉTAL

Si vous aimez les effets insolites, essayez les finitions métallisées, qui apportent une certaine poésie aux formes les plus banales. N'en abusez pas, naturellement, mais osez le détail-choc : une seule chaise entièrement traitée en patine vert-de-gris – comme si elle avait essuyé les intempéries pendant des siècles ou séjourné au fond de l'océan –, un élément de cuisine isolé dont la patine cuivrée attrape les derniers reflets du jour, un petit meuble à tiroirs qui évoque les fusées spatiales de bandes dessinées... Pour renforcer l'illusion, nous avons souligné les structures de « boulons », qui sont tout simplement des clous à garnir de tapissier à tête ronde, mis en place avant la couche d'impression. Vous constaterez aussi que les peintures et les patines métallisées, qui relèvent des effets spéciaux de théâtre et qui, a priori, sont plutôt voyantes, ont le don d'escamoter les volumes pesants, car elles renvoient la lumière (reportez-vous page 166 pour les différentes techniques et pages 42-43 pour le choix des vernis protecteurs).

Reflets d'étain pour un bloc chevet à tiroirs initialement en mélaminé noir. Un support qui accroche parfaitement la peinture métallisée en aérosol et qui donne une profondeur intéressante aux effets nuagés. Encadrées de deux boulons, les poignées en plastique, sur lesquelles nous avons vaporisé de la peinture cuivre, évoquent un tableau de bord futuriste.

Ci-contre : qui reconnaîtrait un élément de cuisine sous cette somptueuse patine cuivrée ? L'effet de halo sur les deux portes est purement fortuit : une première couche de fond n'ayant pas réussi à neutraliser l'ancien décor peint aux couleurs vives... nous avons finalement préféré le mettre en valeur en le soulignant de boulons, que l'on dirait scellés par l'oxydation.

Ci-contre : appliqué sur un classique siège en bois de pin, le décor vert-de-gris perd son cachet « antiquaire » et devient vraiment intemporel. On ne regarde plus que la beauté brute de la matière... Toutefois, les les boulons des montants verticaux donnent un petit côté scaphandrier : cette chaise ferait très bien près d'une vitrine d'articles de marine.

HABIT NEUF
POUR VIEUX CANAPÉ

Faire recouvrir son canapé par un tapissier n'a de sens que sil s'agit d'un meuble haut de gamme. Par ailleurs, les canapés bon marché ont une fâcheuse tendance à s'affaisser prématurément. Si vous possédez un bon vieux canapé encore confortable mais au velours fatigué, voici comment l'habiller de neuf à moindres frais. Nous avons repris l'idée du déjà classique « jeté de canapé », en supprimant son principal inconvénient : comme chacun sait, il ne tient pas en place. Or, notre jeté, confectionné dans un tissu très bon marché, la toile de bâche en coton (teinte), est solidement fixé. Enfin, sa réalisation ne demande aucune couture ! Vous trouverez page 97 une variante pour une chauffeuse.

INGRÉDIENTS ET FOURNITURES

Tissu et teinture ➤ 1 bâche en toile de coton, dans la qualité la plus légère (bâchette), d'environ 3,30 x 3,30 m / détergent / 200 g de teinture à froid jaune (ou autre couleur) / 500 g de gros sel
Pour les épingles ➤ 100 ml de peinture jaune à séchage rapide en aérosol
Assemblage ➤ 54 grosses épingles de nourrice à tête plastifiée / 108 perles vertes / 108 perles rouges / 4 boutons rouges / fil rouge / 3 boutons verts / fil vert

MATÉRIEL

Machine à laver / bâche plastique / gants de ménage / grand bac en plastique / bâton / fer à repasser / ruban à masquer / ciseaux / plaque de polystyrène expansé d'environ 40 cm de côté / masque de protection / aiguille courbe de tapissier

INSTRUCTIONS

Teinture

Portez toujours un masque pour la peinture à l'aérosol et travaillez dans une pièce bien ventilée.

1 Lavez la toile de bâche à la machine, cinq fois de suite, avec votre lessive habituelle et faites-la sécher à l'air libre. Peut-être serez-vous tenté d'abréger cette étape : ce serait une grave erreur, car ces lavages répétés sont indispensables pour éliminer l'apprêt de la toile neuve – sinon la teinture ne prendrait pas. C'est aussi le seul moyen d'éviter que votre housse ne rétrécisse par la suite.

2 Protégez le sol avec une bâche de plastique et mettez des gants. Conformez-vous au mode d'emploi pour dissoudre la teinture à froid dans un bac assez grand pour contenir la bâche. Plongez celle-ci, le temps indiqué, dans le bain de teinture, en ajoutant le gros sel pour fixer la couleur et en

remuant avec le bâton. Rincez abondamment, jusqu'à ce que l'eau soit parfaitement claire. Essorez sans trop tordre et faites sécher à l'air libre.

3 Repassez la bâche à peine sèche avec un fer moyennement chaud (thermostat coton).

Peinture des épingles

1 Ouvrez toutes les épingles. Protégez les parties métalliques avec du ruban à masquer (un vrai travail de patience) et plantez-les sur la plaque de polystyrène en les espaçant le plus possible.

2 Agitez l'aérosol, puis pulvérisez la peinture sur les épingles par petits balayages réguliers.

Installation

1 Étendez la bâche sur le canapé de manière à cacher entièrement son habillage, et drapez-la le plus naturellement possible, en formant des plis creux qui enveloppent bien dossier, siège et accoudoirs (voir photo).

2 Fixez ces plis de chaque côté avec sept épingles de nourrice, depuis l'angle avant de l'assise jusqu'au sol : enfilez d'abord une perle verte et une perle rouge sur chaque épingle, piquez dans le tissu, puis enfilez une perle rouge et une perle verte avant de refermer.

3 Faites de même au dos du canapé, le long des angles. Cette fois, la « couture » sera plus longue, et il vous faudra 20 épingles de chaque côté.

4 Fixez ensuite le tissu sur les accoudoirs en cousant un bouton rouge et un bouton vert à mi-hauteur, à droite et à gauche. Piquez à la fois à travers la bâche et à travers le capitonnage du canapé avant de ressortir l'aiguille – c'est pourquoi ce travail sera beaucoup plus facile si vous l'effectuez avec une aiguille courbe de tapissier (à défaut, utilisez une petite aiguille à brider).

5 Fixez à présent cette housse improvisée sur le devant, au moyen des trois derniers boutons : un vert et deux rouges disposés symétriquement.

6 Lorsque vous voudrez laver votre housse (à l'eau froide, comme tous les tissus teints), il vous suffira de retirer les épingles de nourrice et de découdre les boutons.

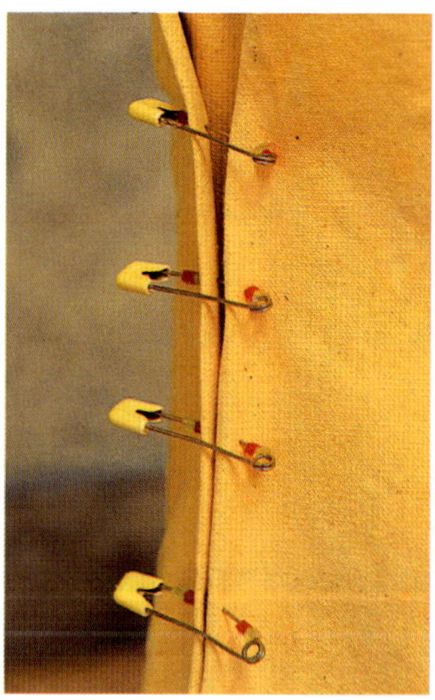

VARIANTE POUR CHAUFFEUSE

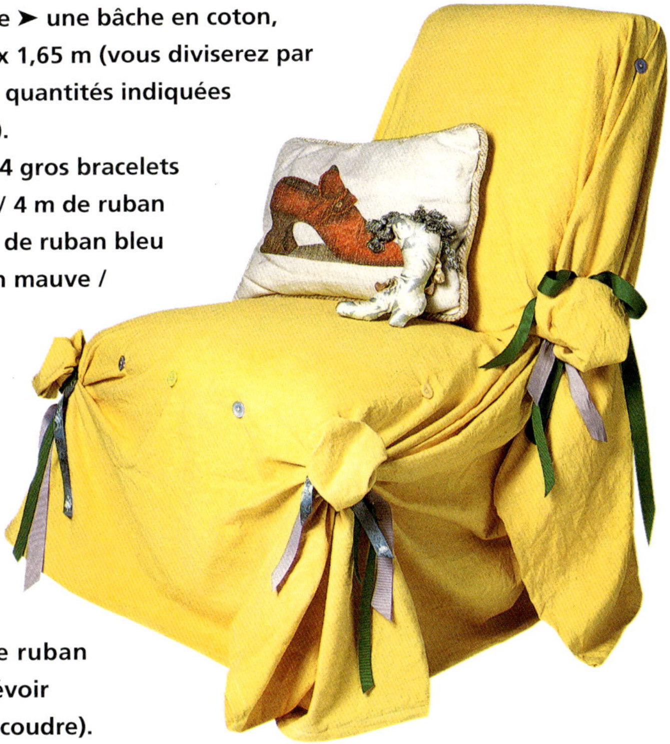

INGRÉDIENTS ET FOURNITURES

Tissu et teinture ➤ une bâche en coton, d'environ 1,65 x 1,65 m (vous diviserez par deux les autres quantités indiquées pour le canapé).
Assemblage ➤ 4 gros bracelets de caoutchouc / 4 m de ruban vert foncé, 4 m de ruban bleu et 4 m de ruban mauve / 7 boutons / fil assorti

MATÉRIEL

Le même que pour le canapé, moins le polystyrène, le masque et le ruban à masquer (prévoir une machine à coudre).

INSTRUCTIONS

Préparation

Se reporter aux explications du canapé pour le lavage et la teinture. Repassez, puis surfilez ou ourlez le bord coupé.

Installation

1 Étalez la bâche sur la chauffeuse de manière à cacher son habillage et ses pieds. Arrangez d'abord le drapé sur le devant : avec les deux mains, rassemblez l'excédent de tissu en deux groupes de plis de chaque côté et maintenez-les en haut avec un bracelet en caoutchouc.

2 Faites de même sur les côtés, à la jonction de l'assise et du dossier. Lissez et disposez les plis à votre goût : le résultat sera heureux si l'ampleur est harmonieusement répartie sur les côtés, laissant les deux surfaces verticales du dossier et du devant bien gainées (voir illustration ci-dessus).

3 Coupez les rubans en bouts de différentes longueurs. Rassemblez trois rubans de chaque couleur et nouez-les comme une faveur autour des bracelets de caoutchouc du bas, qu'ils masqueront. Sur les côtés, variez les couleurs.

4 Pour fixer la housse sur le devant, cousez trois gros boutons sous le bord de l'assise, en procédant comme il est expliqué pour le canapé.

5 Fixez le tissu sur les côtés de la même manière : cousez de chaque côté un bouton à la hauteur de l'assise et un autre tout en haut sur les bords du dossier.

LA GRANDE PARADE DES CHAISES

Il est rare de dénicher dans les brocantes des lots de chaises bon marché en bon état et, le plus souvent, on trouve au mieux des squelettes à restaurer entièrement. En revanche, les chaises dépareillées abondent. À première vue, elles sont tout à fait hétéroclites, mais réfléchissez bien avant de les dédaigner : avec une finition et des couleurs identiques (ou harmonisées), leurs discordances s'atténueront et elles pourront composer un ensemble sympathique. Les chaises qui nous ont servi ici de modèles datent des quarante dernières années et ont un petit air rétro qu'il est facile de souligner par un décor comme celui de la page 101. Pour les chaises ci-contre, nous avons joué sur le registre du postmodernisme raffiné, en associant peinture métallisée futuriste et garniture de velours pastel. Enfin, la chaise paillée de la page 100 est un hommage discret à la fameuse chaise arlésienne de Van Gogh.

MÉTALLISÉ FUTURISTE

NETTOYAGE ET PRÉPARATION

Déclouez le fond de la chaise et mettez-le de côté pour le regarnir. Préparez les fonds (voir pages 12-17) et passez une impression acrylique en aérosol (méthode plus rapide pour les barreaux et les pieds).

Page précédente : un velours de coton pastel recouvre le capitonnage imitation cuir de ces chaises métallisées.

INGRÉDIENTS ET FOURNITURES

Parties en bois ➤ 300 ml de peinture en aérosol pour carrosserie beige rosé
Couche de protection ➤ 300 ml de vernis acrylique satiné en aérosol (2 couches)
Siège ➤ 50 x 50 cm de velours bleu doux

MATÉRIEL

Bâche en plastique / masque de protection / pistolet agrafeur / ciseaux / pointes

INSTRUCTIONS
Peinture

PORTEZ TOUJOURS UN MASQUE POUR LA PEINTURE À L'AÉROSOL ET TRAVAILLEZ DANS UNE PIÈCE BIEN VENTILÉE. Agitez l'aérosol avant de commencer. En le tenant à environ 30 cm de la chaise, balayez toutes les surfaces par pulsions répétées jusqu'à ce qu'elles soient régulièrement couvertes. Laissez sécher 1 heure.

Couche de protection

Procédez de même pour vaporiser 2 couches de vernis, à 1 heure d'intervalle. Laissez sécher 3 heures.

Garniture du fond

1 Posez à plat le carré de velours sur la chaise et examinez-le sous différents angles pour déterminer le sens du tissu : le velours apparaît plus clair ou plus foncé selon la manière dont il prend la lumière, et ce détail a son importance pour un lot de chaises assorties.
2 Étalez le tissu, envers vers le haut, sur une surface plane. Posez au centre le fond de chaise, sens dessus dessous.
3 Rabattez le velours sur l'envers de la plaque d'assise, côté après côté, et tendez-le uniformément (en ayant soin de le maintenir bien centré). Fixez-le tout autour par une ligne d'agrafes, posées à environ 2,5 cm du bord. Cette opération sera grandement facilitée si vous vous faites aider.
4 Rognez l'excédent de tissu aux ciseaux, en veillant à ne pas couper trop près des agrafes. Remettez le tout en place sur le siège et fixez par quelques pointes.

CHAISE VAN GOGH

NETTOYAGE ET PRÉPARATION

Préparez les fonds (voir pages 12-17) et passez une couche d'impression sur le bois

INGRÉDIENTS ET FOURNITURES

Base (bois) ➤ 500 ml d'émulsion vinylique mate orange (2 couches)
Glacis (bois et paille) ➤ 250 ml de glacis acrylique incolore / couleurs acryliques : 100 ml de vermillon ; 3 ½ cuill. à soupe de rouge de cadmium
Couche de protection ➤ 250 ml de vernis-cire acrylique (incolore)

MATÉRIEL

Agitateurs / 2 brosses à émulsion de 50 mm / récipient pour le glacis / chiffons non pelucheux

INSTRUCTIONS

Badigeon (bois)

Voir page 152 la recette de base du badigeon à l'eau. Réservez environ un quart du glacis pour la paille.

Teinture de la paille

Voir page 172, étapes 2-3, pour la technique. Nous avons employé la même brosse que pour le glacis, en ne chargeant que l'extrémité.

Couche de protection

Appliquez au chiffon une fine couche de vernis-cire sur toute la chaise, bois et paille (en suivant le fil du bois). Laissez sécher 1 heure et lustrez.

Une note chaleureuse : le coussin tournesol réalisé avec de la peinture pour textile sur une toile à tableau.

KITSCH ANNÉES 50

NETTOYAGE ET PRÉPARATION

Déclouez le fond de la chaise et mettez-le de côté pour le regarnir. Préparez les fonds (voir pages 12-17). Il est inutile de passer une couche d'impression sous la peinture pour tableau noir

INGRÉDIENTS ET FOURNITURES

Base ➤ 500 ml de peinture spéciale pour tableau noir (2 couches)
Glacis ➤ 3 cuill. à soupe de glacis acrylique (transparent) / couleurs acryliques : 1 cuill. à soupe de noir de Mars ; 1 cuill. à soupe de jaune Titien
Couche de protection ➤ 250 ml de vernis-cire (incolore)
Siège ➤ 50 x 50 cm de tissu vinyle blanc mat (pour rideaux de douche ou pour nappes) / 3 cuill. à soupe de peinture émail noire à séchage rapide

MATÉRIEL

Agitateurs / 1 queue-de-morue de 50 mm / récipient pour le glacis / 1 brosse à émulsion de 50 mm / chiffons non pelucheux / pistolet agrafeur / ciseaux / 1 petite brosse à tableaux plate / pointes

INSTRUCTIONS
Couche de base

Agitez bien la peinture à tableau noir avant emploi et appliquez deux couches, à 4 heures d'intervalle, sur toutes les surfaces.

Glacis

1 Mélangez les couleurs acryliques au glacis.
2 En chargeant juste le bout de la brosse, lissez le glacis sur la surface peinte d'un mouvement rapide et régulier. Laissez sécher 2 heures.

Couche de protection

Voir chaise Van Gogh.

Garniture du fond

1 Voir décor métallisé futuriste page 99.
2 Avec la petite brosse à tableaux, peignez des zébrures noires irrégulières sur le vinyle. Laissez sécher 1 heure et remettez le fond en place (fixez avec des pointes).

Ce dossier rembourré change l'allure du siège et offre plus de confort. En vinyle comme l'assise, mais plus rembourré, il est fixé par des pattes en Velcro.

CHAISE GIVERNY

Claude Monet a encore inspiré ce coussin aux nymphéas : les fleurs ont été peintes sur de la toile bleu vif (voir page 170 la marche à suivre). Cette peinture résiste en principe à l'eau, mais ne la lavez quand même pas trop souvent !

Cette chaise était peinte en noir, et elle avait dû commencer sa carrière comme chaise de salle à manger dans les années 60, ou peut-être comme chaise de cuisine à l'époque où les copies de style Early Colonial étaient en vogue. C'est aujourd'hui l'une de nos favorites, et nous l'avons baptisée Giverny, car on y retrouve certaines réminiscences des douces harmonies aquatiques chères à Monet. Vous n'aurez besoin cette fois que de pinceaux et de chiffons pour accomplir la métamorphose. Si le caractère résolument bicolore ne vous séduit pas, vous pouvez vous contenter de faire ressortir la seconde couleur sur les cannelures et sur la tranche de l'assise et du dossier.

NETTOYAGE ET PRÉPARATION

Selon l'état de la chaise : sur une peinture encore résistante, il est inutile de passer une couche d'impression (voir pages 12-17)

INGRÉDIENTS ET FOURNITURES

Première couleur (assise et haut du dossier) ➤ 175 ml d'émulsion vinylique blanc mat / couleurs acryliques : 3 ½ cuill. à soupe de turquoise ; 5 cuill. à café de vert monastial (2 couches)
Première couleur (pieds et barreaux) ➤ 175 ml d'émulsion vinylique blanc mat / couleur acrylique : 5 cuill. à soupe de rose permanent (2 couches)
Technique de réserve ➤ 100 ml de cire blanche pour meubles
Seconde couleur (assise et haut du dossier) ➤ voir première couleur pieds et barreaux (2 couches)
Seconde couleur (pieds et barreaux) ➤ voir première couleur assise et haut du dossier (2 couches)
Couche de protection ➤ 250 ml de vernis-cire acrylique (incolore)

MATÉRIEL

2 récipients à peinture / agitateurs / 2 brosses à émulsion de 50 mm / 1 brosse ronde de 25 mm / une petite brosse à tableaux plate / papier de verre à grain fin / chiffons non pelucheux / eau

INSTRUCTIONS

Voir page 144 la technique de réserve à la cire. Sur l'assise et le dossier, le bleu d'eau réapparaît sous le rose ; sur les pieds et les barreaux, c'est au contraire le rose qui ressort sous le bleu...

Couche de protection

Appliquez le vernis-cire avec un tampon de chiffon. Laissez-le agir 15 minutes, puis lustrez avec un autre chiffon.

TARTAN

Si vous pensiez que l'écossais était réservé au tissu, détrompez-vous ! Et prenez-vous au jeu : trouvez le bon rapport de tons, le contraste choc, et vous aurez un motif capable de dynamiser le mobilier le plus disgracieux et la pièce la plus sombre. Du simple motif vichy au tartan le plus complexe, la technique de base est détaillée page 162. Votre imagination ne doit pas être limitée par la taille des rouleaux à peinture. Ici, les bandes les plus étroites ont été peintes à la main et, grâce à une grille en ruban à masquer, elles sont parfaitement droites.

Tous les meubles présentés sur cette double page ont reçu d'abord une sous-couche d'impression acrylique ; le terme « blanc » désigne toujours une émulsion vinylique mate ; sauf mention contraire (émulsion toute prête), toutes les autres couleurs citées sont acryliques.

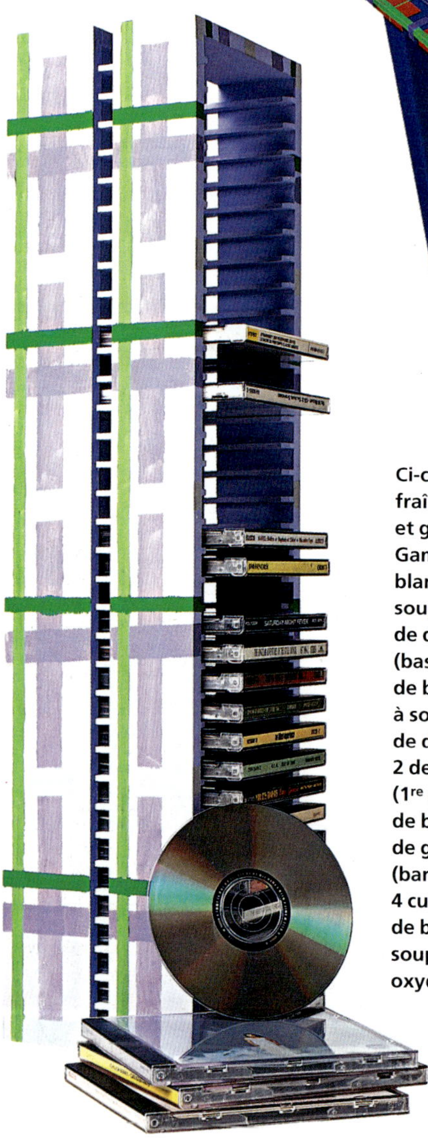

Ci-contre : couleurs fraîches et subtiles et graphisme léger. Gamme : 420 ml de blanc et 4 cuill. à soupe de pourpre de dioxazine (base) ; 125 ml de blanc, 6 ⅓ cuill. à soupe de pourpre de dioxazine et 2 de pourpre foncé (1re grille) ; 100 ml de blanc, 100 ml de gris moyen (bandes grises) ; 4 cuill. à soupe de blanc, 2 cuill. à soupe de vert oxyde (2e grille).

Ci-dessus : tonique et vigoureux écossais à la stricte géométrie, petit chef-d'œuvre de patience et de dextérité. Notez le motif qui continue sur la tranche, donnant beaucoup de relief au dessin. Gamme : émulsion toute prête terracota (base) ; émulsion toute prête bleu foncé (pieds et 1re grille) ; 2 ⅓ cuill. à soupe de blanc et de vert oxyde (2e grille verte) ; 100 ml de blanc et 3 ⅓ cuill. à soupe de pourpre de dioxazine (3e grille) ; les restes de peinture ont servi à peindre les lignes plus fines.

Une commode en pin de série en habit ensoleillé. Voir la liste des couleurs page 163.

ROTIN FLEURI
DANS UN JARDIN

Légers, élégants, réputés imputrescibles, les meubles de jardin en rotin du début du siècle sont fort recherchés – et leur prix s'en ressent. Mais vous trouverez suffisamment d'imitations pour exercer vos talents. Les chaînes de magasins spécialisés dans les importations exotiques proposent aussi des modèles promotionnels. Vous les personnaliserez avec une peinture en aérosol, très facile d'utilisation, mais demandant quelques précautions. Et si vous héritez d'un vieux fauteuil (encore solide) à la peinture délavée, offrez-lui ce décor de roses délicatement ombrées. Vous pourrez aussi orner de motifs au pochoir (sans préparation particulière et donc très rapidement) des sièges en rotin naturel, qui seront dignes de figurer dans votre salon.

MOTIF POIRE – PEINTURE AÉROSOL

NETTOYAGE ET PRÉPARATION — **Nettoyez au chiffon ou à la brosse douce avec une solution de cristaux de soude, sans détremper. Unifiez avec une impression acrylique blanche en aérosol**

INGRÉDIENTS ET FOURNITURES — **Fond ➤ 800 ml de peinture acrylique en aérosol blanc antique**
Motifs au pochoir ➤ peinture acrylique en aérosol : 200 ml de vert menthe ; 200 ml de vert mousse
Couche de protection ➤ 800 ml de vernis acrylique satiné en aérosol

MATÉRIEL — **Photocopieur / carte à pochoir de 40 x 40 cm / bâche en plastique / masque protecteur / scalpel / table de coupe / ruban à masquer / papier journal / chiffons**

INSTRUCTIONS — Travaillez toujours dans une pièce bien ventilée quand vous peignez à l'aérosol. Protégez toutes les surfaces environnantes.

Fond — Voir page 99 la technique de la peinture à l'aérosol pour la couche de fond blanc antique.

ROTIN FLEURI DANS UN JARDIN

Motif poire

Décalquez le motif poire page 183, agrandissez-le si nécessaire et confectionnez le pochoir (voir page 157). Répartissez celui-ci harmonieusement sur le fauteuil, en peignant la poire en vert menthe et les feuilles en vert mousse. Vous utiliserez également ce vert plus foncé pour ombrer délicatement un côté du fruit.

Couche de protection

Recouvrez d'une fine couche de vernis satiné, en tenant l'aérosol à 25-30 cm du fauteuil.

Page 106 : le pochoir est un peu plus délicat à réaliser pour le grand motif rose assorti au coussin fleuri (voir page 183). Même couche d'apprêt que pour le fauteuil au motif poire, même peinture en aérosol pour le fond (800 ml d'acrylique rose) et le vernis. Mais, ici, les motifs ont été traités dans une texture finement granitée obtenue à la brosse à pocher. Gamme : rose pâle (100 ml d'émulsion blanche, 3 ⅓ cuill. à soupe de rose permanent) ; rose foncé (3 ⅓ cuil. à soupe d'émulsion blanche, 2 ⅔ cuill. à soupe de rose permanent) ; vert (100 ml de vert émeraude, 3 ⅓ cuill. à soupe d'émulsion blanche).

MOTIF PÊCHE – BROSSE À POCHER

NETTOYAGE ET PRÉPARATION	**Se reporter au motif poire, en prenant les précautions nécessaires pour la couche d'impression acrylique en aérosol**
INGRÉDIENTS ET FOURNITURES	**Couleur de fond ➤ 400 ml d'émulsion vinylique blanc mat / couleur acrylique : 100 ml de bleu de cobalt** **Motifs (3 couleurs) ➤ 200 ml d'émulsion vinylique blanc mat / couleurs acryliques : 150 ml d'orange de cadmium ; 100 ml de vert olive clair** **Couche de protection ➤ 800 ml de vernis acrylique satiné en aérosol**

MATÉRIEL

Le même que précédemment (sans le papier journal), plus : récipient à peinture / agitateurs / 1 brosse à émulsion de 50 mm / 3 assiettes / 3 brosses à pocher rondes de 25 mm

INSTRUCTIONS

Fond

Mélangez vigoureusement l'émulsion blanche et le bleu de cobalt acrylique. Passez une couche uniforme sur le fauteuil avec la brosse à émulsion, en suivant le sens des fibres de rotin (la brosse ne convient réellement qu'aux textures de vannerie fines et serrées, comme ici).

Motif pêche appliqué à la brosse à pocher. Détail des couleurs : pêche clair (100 ml d'émulsion vinylique blanc mat, 3 ⅓ cuill. à soupe d'orange de cadmium); pêche foncé (100 ml d'orange de cadmium, 3 ⅓ cuill. à soupe d'émulsion blanc mat) ;vert (100 ml de vert olive clair ; 3 ⅓ cuill. à soupe d'émulsion blanc mat).

Motif pêche

Décalquez le motif page 183 et confectionnez le pochoir comme indiqué page 158, sans cache de papier journal. Mélangez les trois couleurs dans les assiettes (voir légende ci-dessus à droite pour les proportions). Prenez la première brosse à pocher pour passer la couleur pêche clair sur toute la forme du fruit, puis ombrez avec la deuxième brosse et la couleur pêche foncé. Avec la troisième brosse, peignez les feuilles.

Couche de protection

Se reporter au motif poire, avec les mêmes précautions.

MALLE DE SALON : UN, DEUX, TROIS

Cette malle vient d'un grenier de famille, cependant vous trouverez facilement un modèle à peu près semblable. Vous pouvez aussi partir d'une malle neuve – mais elle n'aura sans doute pas ce couvercle bombé qui fait le charme des malles d'antan, et ses ferrures seront plus banales... La malle, aujourd'hui, n'est plus reléguée au grenier : intégrée au décor, elle devient coffre à couvertures au pied du lit, rangement mobile ou table basse. Nous avons voulu aller encore plus loin en la transformant en siège d'appoint, sans sacrifier l'espace rangement : il suffit pour cela d'un plateau mobile et d'un coussin de mousse – mieux vaut toutefois ne pas se servir du couvercle comme d'un dossier, les charnières n'y résisteraient pas ! Quand vous n'aurez plus besoin de ce siège, refermez tout simplement le couvercle. À vous de jouer sur les décors peints et les couleurs des coussins.

VERT-DE-GRIS ANTIQUE

NETTOYAGE ET PRÉPARATION

Après nettoyage (voir pages 12-17), passez deux couches de primaire grise pour métal sur l'extérieur de la malle et à l'intérieur du couvercle

INGRÉDIENTS ET FOURNITURES

Adaptations ➤ tasseau de 25 x 50 mm / contreplaqué en 19 mm / 10 vis à tête ronde
Fond ➤ 500 ml de peinture spéciale pour tableau noir (2 couches)
Glacis vert-de-gris ➤ 2 cuill. à soupe de glacis acrylique / couleurs acryliques : 1 cuill. à soupe de vert monastial ; 1 cuill. à soupe de blanc de titane
Couche de protection ➤ 500 ml de vernis acrylique mat (deux couches)
Coussin ➤ plaque de mousse de 10 cm aux mesures intérieures de la malle, moins 1 cm / 1,50 m de tissu en 90 cm / papier / ciseaux / fil / machine à coudre

MATÉRIEL

Règle plate / mètre / crayon / équerre / niveau / serre-joints / scie sauteuse / papier de verre grain moyen / perceuse avec mèche à bois plate de 25 mm et mèche pour métal / tournevis / agitateur / 1 brosse de 50 mm (pour la peinture noire) / récipient pour le glacis / 1 pinceau rond de 15 mm en soies de porc (pour le glacis) / 1 brosse à vernis de 50 mm

MALLE DE SALON : UN, DEUX, TROIS

INSTRUCTIONS
Adaptations

1 Mesurez les dimensions intérieures de la malle, prises dans le milieu, et notez-les.

2 Ces mesures vont déterminer la longueur des tasseaux de 25 x 50 mm, sur lesquels repose le plateau portant le coussin. Reportez deux longueurs et deux largeurs en enlevant chaque fois 5 cm : grâce aux 2,5 cm en moins à chaque extrémité, les tasseaux s'adapteront quel que soit l'arrondi de l'angle. Fixez la barre dans les serre-joints et coupez sur les repères. Poncez les parties sciées au papier de verre.

3 Placez le contreplaqué à plat sur le plan de travail. À l'aide de la règle et de l'équerre, tracez un rectangle sur la plaque de contreplaqué, en enlevant cette fois 2,5 cm sur la longueur et la largeur que vous aviez notées : cette marge de 1,25 cm vous permettra d'enlever et de remettre le plateau sans problèmes. Fixez la plaque dans les serre-joints et découpez à la scie sauteuse le long du trait. Poncez soigneusement les bords.

4 Posez le plateau sur votre plan de travail, tracez une ligne joignant les milieux des deux petits côtés, faites deux repères à 7,5 cm des bords et ouvrez deux fenêtres rondes d'environ 5 cm de diamètre (vous devez pouvoir y glisser au moins un doigt) qui serviront de poignées pour enlever et remettre le plateau. Fixez la mèche à bois plate sur la perceuse et découpez avec soin, à vitesse minimale. Arrondissez les bords au papier de verre.

Assemblage

Faites-vous aider par une autre personne, qui maintiendra les tasseaux en position à l'intérieur de la malle (petit côté contre la paroi) pendant que vous percerez les avant-trous de l'extérieur. Le bord supérieur du tasseau doit se trouver à 2,5 cm du haut (vérifiez l'horizontalité avec un niveau). Avec une mèche pour métal, percez trois trous sur les grands côtés et deux sur les petits. Posez les vis.

Fond et glacis vert-de-gris

Voir pages 166-167 pour la recette détaillée. Peignez l'extérieur de la malle et l'intérieur du couvercle, en répartissant la patine de manière irrégulière pour un effet plus naturel.

Couche de protection

Agitez bien le vernis avant emploi. Attendez 2 heures avant de passer une deuxième couche.

Coussin d'assise

1 Faites un patron en papier (deux rectangles et quatre tranches) en ajoutant partout 1,5 cm pour les coutures. Coupez les morceaux. Cousez sur l'envers, en mettant d'abord bout à bout les quatre côtés de la tranche du coussin. Assemblez cette bande aux deux rectangles, en laissant un petit côté ouvert. Aplatissez au fur et à mesure les coutures au fer à repasser ; recoupez leurs bords extérieurs en biais à chaque extrémité pour éviter les bourrelets de tissu dans les coins et obtenir des angles bien nets.

2 Retournez sur l'endroit cette enveloppe ouverte sur un côté. Avec la pointe d'un crayon, poussez à l'intérieur de chaque coin pour que le tissu soit bien en place. Introduisez la plaque de mousse à l'intérieur et refermez le côté ouvert en cousant sur l'endroit à petits points invisibles. S'il vous reste du tissu, confectionnez des petits coussins.

Montage final

Posez le plateau sur les tasseaux et le coussin par-dessus (le couvercle de la malle doit pouvoir se refermer).

MÉTAL ROUILLÉ

NETTOYAGE ET PRÉPARATION

Nous avons délibérément choisi de ne pas nettoyer l'extérieur de cette malle, laissé sans couche d'apprêt, afin d'accentuer les effets de vieux métal (pour l'intérieur du couvercle, voir malle vert-de-gris antique)

INGRÉDIENTS ET FOURNITURES

Adaptations et assemblage – voir malle vert-de-gris antique
Fond (extérieur et intérieur) ➤ 250 ml d'émulsion vinylique blanc mat
Deuxième couche (extérieur) ➤ 250 ml d'émulsion vinylique blanc mat
Deuxième couche (intérieur du couvercle) ➤ 190 ml d'émulsion vinylique blanc mat / couleur acrylique : 4 cuill. à soupe de pourpre de dioxazine
Patine rouillée ➤ 3 cuill. à soupe de peinture acrylique vieil or rouge

MALLE DE SALON : UN, DEUX, TROIS

MATÉRIEL

Adaptations, assemblage et coussin (voir malle vert-de-gris antique)
Peinture ➤ agitateurs / 2 brosses à émulsion de 50 mm / récipient pour la peinture / marteau / ciseau / soucoupe / 1 brosse de 25 mm

INSTRUCTIONS

Adaptations et assemblage : se reporter pages 112-113 (malle vert-de-gris antique).

Couche de fond

Passez une couche d'émulsion blanche sur l'extérieur de la malle et à l'intérieur du couvercle. Laissez sécher 3 heures.

Deuxième couche

1 Passez une seconde couche d'émulsion blanche, mais cette fois uniquement sur l'extérieur.
2 Mélangez dans un récipient le reste d'émulsion blanche et la pourpre de dioxazine. Remuez bien et passez cette couleur à l'intérieur du couvercle, en couche uniforme. Laissez sécher.

Vieillissement du métal

À l'aide du ciseau et du marteau, détachez des petits éclats de peinture ici et là, en insistant sur les angles et les reliefs. N'en faites pas trop : souvenez-vous que le but est d'imiter les dégradations dues au temps et à un long usage.

Effets de rouille

Versez la peinture vieil or rouge dans la soucoupe et, en trempant seulement le bout de la brosse, appliquez-la sur les parties écaillées. Disséminez aussi des petits points de rouille sur toute la surface. Là encore, ayez la main légère. Laissez sécher 2 heures. Pas de vernis pour cette finition.

Coussin d'assise

Voir page précédente. Pour raffiner, vous pouvez ajouter un passepoil de couleur contrastée.

VICHY BLEU ATLANTIQUE

NETTOYAGE ET PRÉPARATION

Selon l'état de la malle (voir pages 12-17).
Se reporter page 110 (malle vert-de-gris antique)

INGRÉDIENTS ET FOURNITURES

Adaptations et assemblage (voir malle vert-de-gris antique)
Fond (2 couches) ➤ 400 ml d'émulsion vinylique blanc mat / couleur acrylique : 100 ml de bleu céleste
Grille « vichy » ➤ Première couleur : 160 ml d'émulsion vinylique blanc mat ; 6 cuill. à soupe d'acrylique bleu outremer / deuxième couleur : 125 ml d'émulsion vinylique blanc mat ; 125 ml d'acrylique bleu outremer
Ferrures ➤ 2 cuill. à soupe d'émulsion vinylique jaune vif
Couche de protection ➤ 500 ml de vernis acrylique mat (deux couches)

MATÉRIEL

Adaptations, assemblage et coussin (voir malle vert-de-gris antique)
Décor « vichy » ➤ 3 récipients à peinture / agitateurs / 1 brosse à émulsion de 50 mm / crayon aquarelle (pour tracer les bandes) / règle plate / équerre / 2 assiettes / 2 mini-rouleaux de 25 mm / 1 brosse à tableaux plate de 15 mm / 1 brosse à vernis de 50 mm

INSTRUCTIONS

Adaptations et assemblage : se reporter pages 112-113.

Décor « vichy »

Voir page 162 pour les explications détaillées. Peignez serrure, cornières et garnitures en jaune avec la petite brosse.

Couche de protection

Se reporter page 112 (malle vert-de-gris).

Coussin d'assise

Voir pages précédentes. Sur un coussin bleu marine, on peut ajouter un passepoil jaune, assorti aux ferrures.

TRÉSORS DE LA MER

Certains coquillages sont rares et recherchés par les collectionneurs. Les autres s'alignent tristement sur les étagères des marchands de souvenirs, avec leurs inscriptions un peu ridicules. Ils méritent pourtant mieux, car leurs formes et leurs matières sont toujours belles. Apprenez à les utiliser sans parcimonie, en couvrant des surfaces entières, comme si les concrétions marines s'y étaient naturellement déposées pendant des dizaines d'années. Rehaussez leurs nervures et leurs volutes de glacis colorés et de poudres d'or ou d'argent, et associez-les aux perles (voir page 27 le guide des colles et pages 42-43 celui des vernis).

Ci-contre : splendeur baroque pour ce miroir qui semble surgi d'un coffre au trésor enfoui dans les fonds marins. À l'origine, un miroir rectangulaire tout simple, habillé d'un nouveau cadre découpé dans du médium (voir gabarit page 183) et collé sur l'ancien (avec quelques pointes pour consolider). Centre d'attraction du décor, des chérubins de plâtre doré entre lesquels courent des filets (du tulle à rideaux, raidi par de la colle vinylique diluée). Coquillages et vieilles pièces s'insèrent sur ce fond, et les perles remplissent les espaces libres. Ingrédients : impression acrylique blanche, émulsion vinylique vert menthe et peinture or.

Ci-contre : frise de coquilles Saint-Jacques en corniche (trois lattes de section 25 x 75 mm, fixées au-dessus de l'armoire par un assemblage collé-cloué). L'effet est plus réussi si la corniche est légèrement en retrait. La forme très spéciale des coquilles Saint-Jacques a dicté la composition, complétée par des perles et des petits coquillages. Même fond que pour l'armoire, rehaussé de peinture argent.

Ci-contre : couleur suave et matière riche pour une lampe insolite. Le même glacis a été utilisé pour les coquillages qui recouvrent entièrement le pied et pour l'abat-jour, où il a été passé à l'éponge afin de créer une texture de parchemin (voir la technique page 170). En rappel sur la bordure de l'abat-jour, coquillages et branches d'algues. Recette : 125 ml de glacis acrylique, 1 cuill. à soupe d'émulsion vinylique blanche, 1 cuill. à café de pourpre de dioxazine. Du talc, saupoudré sur les coquillages, crée un subtil effet de vieillissement.

TÊTE DE LIT IMPÉRIALE

Il est bien difficile de trouver des têtes de lit à son goût. Celle-ci réunit quatre portes d'éléments de rangement en bois brut, fixées sur un panneau de médium. Nous avons ajouté sur les côtés deux tablettes pour y poser lampe ou livre de chevet. Le motif abeille et les initiales « N » et « J » ont clairement été inspirés par Napoléon et Joséphine ! Si vous souhaitez une ambiance moins impériale, imaginez d'autres thèmes...

NETTOYAGE ET PRÉPARATION

Voir pages 12-17. N'oubliez pas la couche d'impression sur les tablettes et dosserets montés ; les dos des portes et du médium sont laissés nus

INGRÉDIENTS ET FOURNITURES

Adaptations et assemblage (pour un lit de 140 cm de large) ➤ panneau de médium de 50 x 155 cm, en 9 mm d'épaisseur / panneau de médium de 1 x 1 m, en 12 mm d'épaisseur / 4 portes d'éléments bas en bois blanc (environ 38 x 48 cm) / 200 ml de colle époxy à prise rapide / 12 vis
Fixation ➤ tasseaux de 25 x 50 cm / vis
Fond ➤ 460 ml d'émulsion vinylique blanc mat / couleur acrylique : 2 cuill. à soupe de terre d'ombre naturelle
Dorure et moulures ➤ 125 ml de dorure liquide / couleur acrylique : 5 cuill. à soupe de bleu de cobalt
Motifs ➤ 2 ⅔ cuill. à soupe de dorure liquide / couleurs acryliques : 3 ⅓ cuill. à soupe de vermillon ; 5 cuill. à soupe de vert émeraude
Patine ➤ 150 ml de cire blanche pour meubles / couleurs à l'huile pour artistes : 2 cuill. à soupe de terre d'ombre brûlée ; 1 cuill. à soupe de rouge de Venise

MATÉRIEL

Photocopieur / règle métallique graduée / équerre / ciseaux / crayon / tournevis / serre-joints / masque de protection (pour couper le médium) / scie sauteuse / perceuse avec mèche à bois et éventuellement mèche pour maçonnerie / papier de verre grain moyen / chiffons non pelucheux / eau / 1 brosse de 50 mm pour la colle / récipient pour la peinture / agitateurs / 1 brosse à émulsion de 50 mm / 2 petites brosses à tableaux plates / 3 petits pinceaux d'artiste / 5 soucoupes / carte à pochoir / ruban à masquer / table de coupe / scalpel /

INSTRUCTIONS

Adaptations

PORTEZ TOUJOURS UN MASQUE POUR COUPER LE MÉDIUM.

1 Décalquez les gabarits des tablettes et de leurs dosserets page 184, agrandissez-les à la taille voulue au photocopieur et découpez-les : ici, la partie la plus large de la tablette fait 16 cm et le dosseret a une hauteur de 14 cm.

2 Reportez leur contour, deux fois (deux tablettes et deux dosserets), sur le médium de 12 mm. Fixez la plaque sur le plan de travail avec des serre-joints et découpez soigneusement à la scie sauteuse.

TÊTE DE LIT IMPÉRIALE

Assemblage

1 Posez le panneau de médium de 9 mm à plat sur le plan de travail. À l'aide de la règle graduée et de l'équerre, tracez des lignes parallèles aux bords, en laissant une marge de 12 mm sur les quatre côtés. Vous obtiendrez ainsi un rectangle à l'intérieur duquel les quatre portes seront fixées. Faites un essai en plaçant celles-ci côte à côte dans le cadre, et tracez des repères au crayon sur le médium.

2 Poncez le dos des portes au papier de verre et essuyez-les avec un chiffon humide (le médium ne doit pas être poncé). Encollez toute la surface du cadre tracé sur le médium, puis le dos des portes, que vous positionnerez sur les repères. Laissez sécher 12 heures.

3 Fixez un dosseret à plat sur le plan de travail et appliquez la tablette verticalement contre sa base, côté arrondi en haut, de façon que son extrémité coïncide avec l'extrémité effilée du dosseret. Faites-vous aider pour la maintenir dans cette position et percez deux avant-trous à travers la tablette et le dosseret. Vissez et montez de même le second ensemble tablette-dosseret.

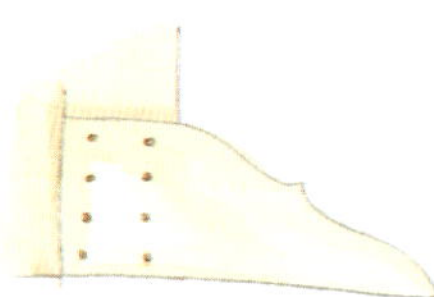

4 Fixez la tête de lit (portes en dessous) sur le plan de travail : elle doit dépasser d'au moins 20 cm de part et d'autre. Appliquez les deux tablettes montées aux deux bouts et en bas, la partie libre du dosseret venant s'appliquer sur le médium (voir schéma). Percez huit avant-trous de chaque côté à travers le dosseret et la tête de lit, et vissez.

Peinture du fond

Mélangez l'émulsion blanche et la terre d'ombre naturelle. Appliquez une couche uniforme sur le devant et les tranches de la tête de lit et sur les tablettes. Laissez sécher 3 heures.

Dorure et moulures

1 Agitez bien la dorure liquide pour répartir la poudre en suspension. Avec une petite brosse à tableaux, passez une fine couche sur les tranches des portes, ainsi qu'une étroite bande tout autour des façades. Servez-vous de l'un des petits pinceaux d'artiste pour souligner le panneau central et la tranche des tablettes.

2 Versez le bleu de cobalt dans une soucoupe. Appliquez-le sur le cadre des moulures des portes avec la seconde brosse à tableaux. Laissez sécher 1 heure.

Motifs

Vous trouverez des modèles d'initiales dans une librairie ou dans un magasin de fournitures pour travaux manuels et décoration : photocopiez-les, faites des essais et confectionnez un pochoir. Le motif abeille (à décalquer page 184) est également peint au pochoir. Reportez-vous pages 158-159 pour les explications détaillées. Les fleurs sont peintes à main levée avec les deux autres petits pinceaux d'artiste : versez les couleurs dans des soucoupes et passez d'abord le vermillon, puis le vert. Laissez sécher 30 minutes.

Patine

1 Passez un papier de verre sur tout le décor peint, en n'appuyant pas trop pour créer un léger effet de vieillissement et laisser apparaître le fond par endroits. Essuyez avec un chiffon humide.

2 Voir page 146 la technique de vieillissement à la cire.

Fixation

La méthode de fixation dépendra essentiellement du type de lit. S'il s'agit d'un sommier à cadre en bois, vous y visserez deux tasseaux de 25 x 50 cm fixés au dos de la tête de lit. Leur longueur sera déterminée, entre autres, par l'épaisseur du sommier et du matelas. Sur un sommier tapissier classique monté sur pieds et sans cadre, l'installation sera plus difficile. Une autre solution consiste à fixer la tête de lit sur des tasseaux fixés au mur – mais, dans ce cas, vous aurez à reboucher les trous de vis sur la tête de lit avant de peindre.

PARURES DE LIT

Voici trois exemples de tête de lit où le tissu a le rôle principal : vaporeuse mousseline pour le lit à baldaquin à la mauresque ; fraîcheur et naturel du lin pour le lit à la mode des Shakers de Nouvelle-Angleterre, inspiré d'un modèle traditionnel ; dynamisme de la toile de bâche imprimée d'éclatants drapeaux aux couleurs de clubs nautiques. Ces décors conviennent davantage à un lit d'une personne qu'à un grand lit, et les mesures données correspondent à un sommier de 90 à 100 cm.

À LA MAURESQUE

NETTOYAGE ET PRÉPARATION

Passez une couche d'impression sur le baldaquin et sur les patères des rideaux (voir pages 12-17).

INGRÉDIENTS ET FOURNITURES

Adaptations et assemblage ➤ panneau de 1 x 1 m de médium en 9 mm / 50 cm de tasseau de 25 x 50 mm / 25 cm de baguette de 38 mm de diamètre / 2 embouts boules de tringle à rideau / 50 ml de colle à bois vinylique / 10 pointes sans tête / 150 ml de pâte à bois ultrafine
Fond ➤ 100 ml de peinture argent en aérosol
Glacis étain ➤ 150 ml de glacis acrylique / couleurs acryliques : 2 cuill. à soupe de gris de Payne ; 2 cuill. à soupe de noir de Mars
Couche de protection ➤ 250 ml de vernis acrylique mat
Rideaux ➤ 7 m x 1,20 m de mousseline de coton blanche / fil blanc / 250 ml de peinture argent pour textiles
Fixation ➤ 6 vis et 6 chevilles adaptées à la nature du mur (voir pages 27-28) / 50 cm de fil de fer / 30 à 40 perles de métal fantaisie / 6 petits pitons ronds

MATÉRIEL

Photocopieur / crayon / ciseaux / équerre / règle graduée / serre-joints / masque de protection (pour le travail du médium et de la peinture en aérosol) / scie sauteuse / papier de verre grain moyen / perceuse avec mèches à bois et pour maçonnerie (à choisir en fonction de la nature du mur) / 1 pinceau rond de 15 mm pour la colle / marteau / couteau à enduire / tournevis / niveau / cisaille à métal / pince universelle / ruban à masquer (facultatif) / bâche en plastique / récipient pour le glacis / agitateur / assiette / 1 pinceau rond de 15 mm en soies de porc / 1 brosse à vernis de 25 mm / fer à repasser / aiguilles / machine à coudre (facultatif) / 1 vieux drap / 1 petite brosse à tableaux ronde (pour peindre les rideaux) / pistolet agrafeur

INSTRUCTIONS

Portez toujours un masque pour scier le médium ou quand vous utilisez une peinture en aérosol. Protégez les surfaces environnantes avec des bâches et travaillez dans un local bien ventilé.

Adaptations

1 Décalquez les gabarits du baldaquin et des socles des patères page 184, et agrandissez-les au photocopieur à la taille voulue. Notre baldaquin est large de 35 cm. Il peut être plus grand, mais guère plus petit (l'assemblage deviendrait difficile).

2 Découpez les gabarits définitifs, posez-les sur la plaque de médium et relevez les contours au crayon : une fois pour le devant du baldaquin, deux fois pour ses côtés et deux fois pour les socles de patère.

3 Fixez le médium dans les serre-joints et découpez à la scie sauteuse en suivant bien les lignes.

4 Déterminez le centre des socles de patère (à l'intersection des lignes joignant les pointes opposées) et faites un repère.

5 Coupez une section de tasseau ayant la même longueur que le devant du baldaquin, moins 18 mm – ce qui correspond aux épaisseurs additionnées des deux côtés qui viendront s'appliquer sur la tranche. Posez ce tasseau à plat sur son plus grand côté et percez un avant-trou à 5 cm des deux bouts (ces trous serviront à la fixation dans le mur).

6 Coupez deux sections de baguette de 12,5 cm. Percez à une de leurs extrémités un petit avant-trou avec la mèche à bois la plus fine.

Assemblage

1 Avec la brosse de 15 mm, passez un trait de colle au revers de la partie frontale du baldaquin, sur les deux côtés. Appliquez dessus, à angle droit, les tranches des deux parties latérales. Consolidez avec huit pointes sans tête (quatre de chaque côté), que vous enfoncerez en partant du devant. Laissez sécher 1 heure.

2 Encollez ensuite les deux tranches du dos du baldaquin (tasseau) et appliquez-y l'extrémité libre des parties latérales pour compléter le rectangle. Renforcez avec une pointe sans tête. Masquez les trous des pointes avec de la pâte à bois. Laissez sécher 30 minutes et poncez.

3 Fixez les deux portions de baguette au centre du socle des patères, en vissant de l'autre côté sur le repère précédemment tracé. Ajustez les deux embouts sur l'extrémité libre des baguettes.

Décor étain

À appliquer sur le baldaquin, les patères et leur socle. Protégez la surface de travail avec la bâche en plastique et entourez les embouts avec du ruban à masquer. Voir page 166.

Couche de protection

Passez une couche uniforme de vernis sur l'ensemble. Laissez sécher au moins 4 heures.

Rideaux

1 Repassez la mousseline, puis partagez-la en deux bandes de 3,50 m de long. Ourlez les bords, à la machine ou à la main.
2 Recouvrez la surface de travail d'un vieux drap et étalez-y les rideaux. Avec la petite brosse à tableaux, peignez à main levée des motifs sinueux soulignés de points à la peinture argent (voir la photo page 122). Laissez sécher 20 minutes. Fixez la peinture en repassant sur l'envers à fer moyennement chaud.
3 Passez un fil de fronces dans le haut de chaque rideau pour en adapter la largeur aux dimensions du baldaquin, en partant du milieu et en allant jusqu'au mur. Agrafez ensuite les rideaux sur le revers du médium.

Fixation

1 Vous devez maintenant décider à quelle hauteur sera fixé le baldaquin. Tracez sur le mur deux petits traits correspondant aux deux angles supérieurs du tasseau arrière. Vérifiez l'horizontalité avec le niveau, puis marquez les repères qui doivent correspondre aux deux avant-trous.
2 Choisissez la mèche qui convient à la nature du mur (voir pages 27-28), percez, placez les chevilles et vissez.
3 Drapez un rideau, comme indiqué sur la photo de la page de gauche, pour vous aider à déterminer la hauteur des patères. Faites des repères de chaque côté et vérifiez avec le niveau l'horizontalité des patères. Percez alors les avant-trous (deux pour chaque patère, en haut et en bas). Insérez les chevilles et vissez. Arrangez les plis des rideaux sur les patères.

4 Coupez le fil de fer en trois sections avec la cisaille et formez à chacune des extrémités une boucle que vous serrerez avec la pince. Enfilez les perles sur ces sections de fil, que vous fixerez à des pitons vissés sous le bord du baldaquin.

À LA MODE SHAKER

NETTOYAGE ET PRÉPARATION

Passez une couche d'impression sur le bandeau quand il aura été garni de ses boutons (voir pages 12-17).

INGRÉDIENTS ET FOURNITURES

Adaptations ➤ bandeau de 12 x 120 cm de médium en 9 mm / 5 gros boutons de porte en bois tourné et leur visserie
Peinture du bandeau ➤ 100 ml d'émulsion vinylique / couleurs acryliques : 300 ml de rouge violacé ; 3 ⅓ cuill. à soupe de violet profond ; 3 ⅓ cuill. à soupe de violet permanent
Couche de protection ➤ 150 ml de cire blanche pour meubles
Rideau ➤ 2,50 m d'étamine de lin écrue en 140 cm / fil / bloc encreur et recharge d'encre marron pour impression sur tissu
Fixation ➤ vis et chevilles (voir pages 27-28)

MATÉRIEL

Récipient pour la peinture / agitateur / 1 brosse à émulsion de 25 mm / chiffons non pelucheux / règle plate / crayon / ciseaux / fer à repasser / machine à coudre / épingles / timbres en caoutchouc assortis (ici, différents motifs de feuilles) / niveau / équerre / tournevis / perceuse avec mèche pour maçonnerie (à choisir en fonction de la nature du mur) / papier de verre grain moyen / aiguille à tricoter

INSTRUCTIONS

Adaptations

Tracez une ligne horizontale joignant les milieux des deux petits côtés du bandeau. Faites deux marques à 9 cm des extrémités, puis cinq autres marques tous les 17 cm entre ces deux points (vous en aurez donc sept en tout). Fixez les boutons sur ces repères.

Peinture

Mélangez l'émulsion blanche et les trois violets. Appliquez deux couches de cette couleur sur le bandeau, en attendant 3 heures entre chaque couche. Laissez sécher encore 3 heures.

Couche de protection

Appliquez la cire avec un tampon de chiffon, par petits mouvements circulaires. Laissez agir 15 minutes, puis lustrez avec un chiffon propre.

Rideau

1 Découpez un rectangle de 1,30 x 2,05 m dans l'étamine de lin. Avec le tissu restant, découpez quatorze rectangles de 35,5 x 10 cm pour confectionner les liens.

2 Faites un rabat de 2,5 cm en bas et sur les côtés, et de 5 cm en haut. Aplatissez au fer, puis repliez à l'intérieur pour faire un ourlet. Aplatissez à nouveau au fer. Piquez tous les ourlets à la machine à coudre.

3 Pliez les petits rectangles en deux, endroit contre endroit, dans la longueur, puis piquez à la machine à 12 mm du bord, en laissant un petit côté ouvert. Retournez-les comme un gant en vous aidant d'une aiguille à tricoter pour sortir les coins. Épinglez-les par paire sur l'envers de l'ourlet supérieur du rideau, côté ouvert en bas. Laissez 6 cm aux deux bouts et placez-les tous les 16 cm. Fixez par une double piqûre.

Voir les explications page 165. Répartissez les motifs irrégulièrement sur tout le rideau.

Fixez le bandeau au-dessus du lit, à bonne hauteur, avec des chevilles et des vis (vérifiez l'horizontalité avec un niveau). Nouez les liens du rideau autour des boutons.

BANNIÈRES NAUTIQUES

NETTOYAGE ET PRÉPARATION

La baguette neuve est déjà poncée. Ne passez pas de couche d'impression, qui empêcherait la cire de pénétrer dans les pores

INGRÉDIENTS ET FOURNITURES

Adaptations ➤ 158 cm de baguette ronde de 38 mm de diamètre / 1,50 m de toile de bâche écrue en 140 cm / fil assorti
Décor de la hampe ➤ 150 ml de vernis-cire acrylique / couleur acrylique : 3 ⅓ cuill. à soupe de vert émeraude
Décor de la bannière ➤ 200 ml de peinture pour textiles dans chacun des coloris suivants : blanc, jaune, bleu outremer, rouge vif / marqueur noir spécial tissu (pointe médium)
Fixation ➤ 2 embouts de tringle à rideau en forme d'anneau et leur visserie / 2 supports de tringle à rideau en laiton et leurs vis / 2 chevilles adaptées à la nature du mur

MATÉRIEL

Récipient pour la cire / agitateur / 1 brosse de 25 mm / ciseaux / fer à repasser / machine à coudre / règle graduée / équerre / crayon / photocopieur / carte à pochoir / ruban à masquer / scalpel / table de coupe / chiffons non pelucheux / 4 assiettes / 4 brosses à pocher de 25 mm / épingles / niveau / perceuse avec mèche pour maçonnerie

INSTRUCTIONS

Hampe

Ajoutez le vert émeraude au vernis-cire et agitez vigoureusement. Passez ce mélange sur la baguette, en suivant le fil du bois et en veillant à ne pas trop charger la brosse. Laissez sécher 3 heures.

Bannière

1 Dans la toile de bâche, découpez d'une part un grand rectangle de 1,37 x 1,50 m, d'autre part quatre petits rectangles de 22 x 32,5 cm qui formeront les poches-drapeaux.

2 Préparez deux ourlets de 2,5 cm (sur les deux grands côtés de la bannière) et un de 5 cm sur une largeur (pour le bas). En haut, faites un rabat de 10 cm et repliez 1 cm pour obtenir un large ourlet ouvert aux deux bouts (on doit pouvoir y introduire la baguette-hampe). Marquez les plis au fer à repasser et piquez tous les ourlets à la machine.
3 Faites un rabat simple de 2,5 cm tout autour des poches et marquez-le également au fer.
4 À l'aide de la règle graduée et de l'équerre, et en vous guidant sur la photographie de la page suivante, déterminez les emplacements des poches et des drapeaux peints sur l'endroit de la bannière (le côté opposé aux ourlets).

Drapeaux au pochoir

Décalquez les motifs page 185, où vous trouverez aussi les indications de couleurs, et reportez-vous page 159 pour la confection des pochoirs. Après avoir peint les motifs, cernez chaque drapeau d'un trait noir avec le marqueur spécial tissu. Repassez sur l'envers pour fixer les couleurs.

Montage

1 Épinglez les poches à leur place sur la bannière, en ne mettant pas les épingles trop près du bord. Faites une piqûre à la machine en bas et sur les deux côtés à 6 mm des bords.
2 Glissez la hampe dans l'ourlet du haut et vissez les embouts aux deux extrémités.

Fixation

Tracez des repères pour les supports de tringle, en vérifiant l'horizontalité avec un niveau. Percez avec une mèche appropriée à la nature du mur, posez les chevilles et vissez.

LIT À COLONNES
ROUGE ET OR

Ne vous laissez pas trop impressionner par le style résolument médiéval de ce lit à colonnes et à lambrequins : imaginez un tissu mousseux, une peinture à la cire sur les montants, et vous aurez un lit romantique ! Détail pratique, notre lit est aussi facile à démonter qu'à monter.

NETTOYAGE ET PRÉPARATION

Passez une couche d'impression acrylique sur les baguettes et sur les embouts

INGRÉDIENTS ET FOURNITURES

Adaptations et assemblage ➤ 4 sections de 193 cm de baguette ronde de 31 mm de diamètre (colonnes) / 2 sections de baguette ronde de 25 mm de diamètre de la largeur du cadre de votre lit (bouts du baldaquin) / 2 sections de 198 cm de baguette ronde de 19 mm de diamètre (côtés du baldaquin) / 4 embouts de tringle à rideau en bois tourné et leur visserie / vis à bois en quantité suffisante / 15 ml de pâte à bois ultrafine
Fond (colonnes) ➤ 270 ml d'émulsion vinylique blanc mat / couleurs acryliques : 2 cuill. à soupe de terre d'ombre naturelle
Rayures rouges ➤ 160 ml d'émulsion vinylique blanc mat / couleurs acryliques : 4 cuill. à soupe de pourpre de dioxazine ; 2 cuill. à soupe de rouge de cadmium
Rayures or ➤ 160 ml d'émulsion vinylique blanc mat / couleurs acryliques : 6 cuill. à soupe d'ocre jaune
Patine (colonnes) ➤ 105 ml de cire blanche pour meubles / couleurs à l'huile : 5 cuill. à café de terre d'ombre brûlée ; 5 cuill. à café d'ocre jaune
Fond (embouts) ➤ 5 ⅓ cuill. à soupe d'émulsion vinylique blanc mat / couleur acrylique : 2 cuill. à café de terre d'ombre brûlée
Dorure (embouts) ➤ 100 ml de mixtion à dorer à l'eau / 10 à 12 feuilles de cuivre imitation or / 5 cuill. à soupe d'alcool à brûler /100 ml de vernis acrylique satiné
Patine (embouts) ➤ couleurs acryliques : 1 cuill. à soupe de rouge de cadmium ; ½ cuill. à soupe de gris moyen / ½ cuill. à soupe d'émulsion vinylique blanc mat / 1 ½ cuill. à soupe d'eau
Badigeon (baldaquin et base du lit) ➤ 100 ml d'émulsion vinylique blanc mat / couleurs acryliques : 3 ⅓ cuill. à soupe de rouge de cadmium ; 3 ⅓ cuill. à soupe de gris moyen / 150 ml d'eau

LIT À COLONNES ROUGE ET OR

INGRÉDIENTS

Lambrequins ➤ 6 m de coton pourpre en 140 cm / 3 m de coton jaune d'or en 140 cm / fil rouge et fil jaune / 6 coquillages / 150 ml de peinture acrylique or en aérosol

MATÉRIEL

Règle graduée / crayon / serre-joints / perceuse avec jeu de mèches à bois / ruban à masquer de 25 mm (au moins 2 rouleaux) / ciseau à bois / 6 récipients à peinture / agitateurs / 2 brosses à émulsion de 50 mm / 3 brosses à émulsion de 25 mm / petite brosse à tableaux plate / papier de verre grain moyen / chiffons non pelucheux / eau / assiette / 1 brosse plate de 25 mm (pour la mixtion à dorer) / gants jetables / 1 petit pinceau rond très doux de 25 mm / laine d'acier ultrafine / tournevis / escabeau / couteau à enduire / craie de tailleur / ciseaux / épingles / machine à coudre / poinçon / fer à repasser / pistolet agrafeur

INSTRUCTIONS

Adaptations

1 Percez tous les trous avant de peindre. Faites une croix à 2,5 cm du sommet de chaque colonne, à l'endroit ou viendront s'encastrer les deux petits côtés (les bouts) du baldaquin. Fixez`ceux-ci un par un dans les serre-joints et percez un trou rond de 12 mm de profondeur avec une mèche de 25 mm, à vitesse lente (collez une bande de ruban à masquer sur la mèche pour avoir un repère).

2 Pour repérer l'endroit où viendront s'encastrer les barres latérales du baldaquin, posez les quatre colonnes à plat sur le sol, extrémités parfaitement alignées, les trous déjà percés au-dessus. Faites-les pivoter d'un quart de tour et tracez une seconde croix, à angle droit avec le trou. Percez ces seconds trous (toujours de 12 mm de profondeur), en procédant comme précédemment.

3 Pour que les colonnes soient solidement fixées sur la base du lit, vous devez avoir une face plane. Avec un ciseau à bois, détachez une lamelle de 2,5 cm de largeur et de la même hauteur que la surface sur laquelle elle s'appliquera, au bout et à la tête du lit (cadre ou pieds). Mesurez avec soin et veillez à ce que cette encoche soit parfaitement alignée avec les trous du haut (ceux des barres latérales du baldaquin). Repositionnez les colonnes contre les pieds ou le cadre, prenez les repères et percez trois avant-trous avec une mèche plus petite sur la surface plane.

Fond crème des colonnes

Mélangez l'émulsion blanche et la terre d'ombre naturelle et passez une couche uniforme sur les colonnes avec une des grandes brosses à émulsion. Laissez sécher 3 heures.

Rayures

1 En partant du bas, enroulez soigneusement le ruban à masquer sur les colonnes, en formant une spirale dont les spires auront un écartement de 2,5 cm.

2 Mélangez l'émulsion et les couleurs des rayures rouges dans un autre récipient et passez ce mélange sur chaque colonne avec la brosse à émulsion de 25 mm. Laissez sécher 3 heures avant de retirer avec précaution le ruban à masquer.

3 Mélangez l'émulsion et les couleurs des rayures or dans un troisième récipient et peignez à main levée, avec la petite brosse à tableaux, une bande or sur le fond crème (avec un petit liseré crème en réserve de chaque côté). Laissez encore sécher pendant 3 heures. Réservez un peu de chaque peinture pour reboucher les trous de vis après montage.

Patine vieillie des colonnes

1 Poncez légèrement les colonnes au papier de verre pour créer un effet d'usure, puis essuyez avec un chiffon humide.
2 Voir la technique de la patine colorée à la cire page 146, étape 1. Appliquez la cire avec un tampon de chiffon dans le sens des rayures. Laissez agir environ 15 minutes avant de lustrer avec un autre chiffon.

Base, dorure et patine des embouts

1 Voir page 168 la technique de la dorure à la feuille. Nous avons passé auparavant une base « terracotta » pour donner un reflet plus chaud et, avant d'appliquer le vernis, nous avons frotté très doucement à la laine d'acier et à l'alcool à brûler pour créer un effet d'usure naturel.
2 Mélangez l'émulsion blanche et les couleurs de la patine et diluez peu à peu avec l'eau. Appliquez avec une petite brosse à émulsion et travaillez rapidement la surface avec un tampon de chiffon pour enlever une partie de la couche et créer un effet nuagé. Laissez sécher 1 heure.

Badigeon (base et baldaquin)

Reportez-vous page 140 pour la technique du badigeon délavé. Nous n'avons passé qu'une seule couleur pour obtenir une chaude dominante rouge de Venise.

Assemblage

FAITES-VOUS AIDER À CE STADE POUR MAINTENIR LE CIEL DE LIT.
1 Mettez les quatre colonnes en place en les vissant à la base du lit dans les avant-trous précédemment percés.
2 Placez-vous à un bout et insérez les extrémités de la barre transversale du baldaquin dans les trous correspondants des deux colonnes.
3 Pour consolider l'assemblage, percez de chaque côté un avant-trou (avec une mèche plus petite) à travers la colonne et la barre du baldaquin, et enfoncez les vis. Là, il vous faut absolument un escabeau, tant pour votre sécurité que pour la précision du travail.
4 Répétez les étapes 2 et 3 à l'autre bout du lit.

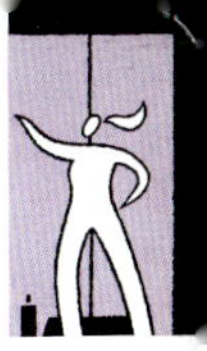

5 Toujours suivant la même méthode, insérez les barres longitudinales du baldaquin dans les trous prévus à cet effet. Assurez à nouveau l'assemblage en perçant un trou et en vissant aux quatre extrémités. Posez les embouts.

6 Masquez tous les trous de vis avec la pâte à bois. Laissez sécher 1 heure, poncez et retouchez avec la peinture réservée.

Lambrequins

1 Étalez le tissu pourpre sur la table et, en vous aidant de la règle et de la craie de tailleur, tracez les contours de quatre bandes de 3 m x 42 cm. Coupez en laissant 1,5 cm de marge tout autour. Si votre lit est plus long ou plus large, vous devrez adapter les mesures. Procédez de même pour couper deux bandes identiques dans le tissu jaune.

2 Pliez une bande en deux sur le milieu de sa longueur, épinglez les deux épaisseurs et coupez le bout en triangle sur une hauteur de 20,5 cm, en mesurant soigneusement pour que la pointe tombe au milieu du lé. Vous aurez ainsi deux pointes identiques aux deux bouts. Servez-vous de cette bande comme d'un patron pour couper les autres bandes.

3 Superposez deux bandes rouges, endroit contre endroit, et épinglez. Piquez à la machine sur le trait de craie, en laissant une ouverture. Réunissez de même les deux autres bandes rouges et les deux jaunes.

4 Rognez aux ciseaux l'excédent de tissu, retournez chaque bande par le côté ouvert comme un doigt de gant, aplatissez au fer et fermez l'ouverture à points d'ourlet.

5 Faites une surpiqûre à 6 mm du bord sur tous les lambrequins.

6 Percez les coquillages au poinçon, vaporisez dessus un peu de peinture or, laissez sécher et accrochez-les par un fil aux pointes des lambrequins.

7 Prenez l'escabeau pour draper les lambrequins sur le baldaquin, en laissant de la souplesse (voir photo).

TROISIÈME PARTIE

TECHNIQUES

Ce chapitre éclectique vous dévoile les secrets des finitions décoratives et la manière de vous en servir... Vous y trouverez tous les classiques – dorure, laque, patine à la cire, vert-de-gris, craquelures – illustrés par des idées neuves et toniques.

Un merveilleux travail et un puzzle très savant font de ce dessus de table en mosaïque un petit chef-d'œuvre. Tout l'effet vient de l'association insolite des carreaux de céramique, qui semblent avoir été cassés et jetés un peu au hasard, et de la porcelaine, qui prend de précieux reflets nacrés sur ce fond bleu sombre. On admirera la reconstitution de la fourchette et l'anse de la tasse – le petit détail «artiste» qui change tout ! *(voir pages 174-176 les techniques de base).*

À PROPOS DES TECHNIQUES

Cette dernière section a également un double objectif. D'une part, elle constitue un précieux fichier de renseignements en complément des idées de décoration de la deuxième partie : vous y trouverez, détaillées point par point, toutes les techniques mises en œuvre pour réaliser nos modèles, avec d'intéressantes variantes concernant aussi bien les couleurs que les motifs. Au fil des pages, nous vous proposons en même temps d'autres idées, y compris de nouvelles suggestions de meubles : paravents, pare-feu, étagères de récupération, portes décorées, transatlantiques, panier à linge...

D'autre part, cette partie pratique peut aussi devenir le point de départ d'un autre répertoire – celui de vos idées, de vos ressources personnelles, de vos progrès – et vous pourrez vous y reporter de la même façon pour des projets qui proviendraient entièrement de votre imagination.

Les finitions décoratives que nous avons sélectionnées composent un bagage plus que suffisant pour un amateur averti. Il ne s'agit pas de modes passagères. Toutes ces techniques ont leurs traditions, leur histoire, parfois très ancienne... Cependant, nous n'avons pas voulu les aborder du point de vue de l'antiquaire, mais vous les faire découvrir de manière vivante, bien intégrées dans notre époque, avec leur évolution, leurs révolutions – généralement provoquées par l'apparition de nouvelles matières.

Découpages mélomanes... Le papier jauni des vieilles partitions s'accorde de façon idéale à la tonalité classique de la pièce. Petit raffinement : le décor musical se prolonge jusque sur la tranche de la commode, qui a très certainement des origines moins nobles : les pieds tournés semblent bien avoir été ajoutés au moment de la rénovation.

Prenons, entre autres, l'exemple du lissage : ce procédé est apparu au XVIIIe siècle pour répondre aux aspirations d'une bourgeoisie à la fois snob et économe, qui souhaitait copier à moindres frais les murs tendus de soieries des demeures aristocratiques. Qu'en reste-t-il aujourd'hui ? Une technique qui n'a guère changé, mais qui est à la portée de tous grâce à l'avènement des émulsions à l'eau et des textures acryliques (les couleurs, elles, se sont transformées : il n'est plus question de nos jours d'imiter la soie pékinée). Et, quand nous vous proposons un lissage dans une harmonie d'acajou, comme pour le paravent de la page 147, il ne s'agit pas de réaliser une imitation au sens strict du terme. De l'acajou nous ne retenons que l'impression d'une couleur chaleureuse, à dominante rouge cuivrée. Nous désirons une « ambiance » d'acajou, tout comme un décorateur de théâtre saisit l'esprit d'une époque avec du plâtre doré, des statues en résine de polyester et du tulle peint.

Ci-contre : ce buffet massif est exactement le genre de meuble susceptible de moisir sous le hangar de quelque brocanteur en attendant une nouvelle vie... Rien de particulier à signaler ici quant à la technique. C'est simplement un bon exemple de réhabilitation. La peinture laque glycérophtalique a été choisie pour l'éclat profond de ses couleurs, mais, pour une chambre d'enfant, une émulsion à l'eau et un vernis acrylique seraient plus indiqués.

Ci-dessous : le vieillissement à la cire met en valeur les bois clairs et les formes découpées. Cette chaise de cuisine, devenue un classique, en est un bel exemple.

C'est dire l'importance capitale des couleurs dans le décor contemporain, soit pour créer des points forts, des spots de lumière, soit au contraire pour enrober et unifier des teintes qui, autrement, auraient des rapports difficiles. C'est bien pourquoi nous faisons si souvent usage du glacis.

Si vous avez fait vos premières expériences à nos côtés, vous avez déjà vu combien il est facile (et tellement plus économique) de préparer soi-même toutes ses couleurs, en tâtonnant un peu. Le plus simple des blancs cassés a une tout autre saveur quand on l'a créé soi-même, et bientôt vous vous demanderez comment vous avez pu vous satisfaire jusqu'ici de la petite trentaine de couleurs disponibles (dans le meilleur des cas) chez les détaillants. Encore quelques progrès, et vous serez capable de restituer, sur votre meuble favori, la teinte inimitable d'une tuile baignée de soleil, aperçue voici des années sur une côte lointaine.

BADIGEON SUR BOIS

Si vous vous demandez comment métamorphoser rapidement et à moindres frais des meubles en bois blanc, et si en outre vous aimez changer souvent de décor, ne cherchez plus : le badigeon est la solution rêvée. Celui-ci revêt le bois le plus modeste de douces couleurs délavées et met en valeur le grain et la veinure. Vous trouverez dans le commerce des badigeons tout prêts, mais leur gamme de coloris est limitée.

Il est si facile, avec ce procédé, de mélanger soi-même ses couleurs qu'il serait dommage de ne pas en profiter pour expérimenter. Les effets les plus réussis sont obtenus en superposant deux badigeons, un clair et un foncé, ou inversement.

RECETTE DE BASE – BLANC ANTIQUE SUR VERT MOUSSE

INGRÉDIENTS

Proportions pour le « bureau mobile » page 66
Premier badigeon ➤ 210 ml d'émulsion vinylique blanc mat / couleurs acryliques : 4 cuill. à soupe de vert émeraude ; 1 cuill. à soupe de jaune de cadmium ; 1 cuill. à soupe de vert olive clair / 175 ml d'eau
Deuxième badigeon ➤ 270 ml d'émulsion vinylique blanc mat / couleur acrylique : 2 cuill. à soupe de terre d'ombre naturelle / 175 ml d'eau

MATÉRIEL

2 récipients pour la peinture / agitateurs / 2 brosses à émulsion de 50 mm / chiffons non pelucheux

INSTRUCTIONS

Premier badigeon

1 Versez l'émulsion dans un récipient ; ajoutez les couleurs sans cesser de mélanger vivement. Dès que la teinte est homogène, diluez avec de l'eau ajoutée par petites quantités, en tournant toujours : vous devez obtenir la consistance d'une crème fleurette bien liquide.

2 Appliquez à la brosse en travaillant rapidement dans le fil du bois, qui doit transparaître sous la fine pellicule de badigeon.

3 En vous servant de chiffons roulés en tampons, essuyez aussitôt le bois, par affleurements circulaires, pour révéler encore davantage le grain du bois. Laissez sécher 2 heures.

Deuxième badigeon

Mélangez et appliquez le deuxième badigeon de la même façon, avec la deuxième brosse.

Note *Un vernis mat ou une cire incolore protégeront le badigeon de l'eau et retarderont son usure (voir p. 42-43).*

❶ BLANC ANTIQUE SUR VERT MOUSSE
Recette de base. Le voile d'un doux blanc crémeux réchauffe le vert de base et donne l'impression que le bois est caressé par le soleil.

❷ FRAMBOISE SUR MYRTILLE
1re couleur : 150 ml d'émulsion blanche, 100 ml de pourpre de dioxazine, $3\frac{1}{3}$ cuill. à soupe de rouge de cadmium.
2e couleur : 200 ml d'émulsion blanche, 100 ml de rose vif.

❸ BLANC ANTIQUE SUR FRAMBOISE
1re couleur : 210 ml d'émulsion blanche, 3 cuill. à soupe de rouge de cadmium, 1 cuill. à soupe de terre d'ombre naturelle.
2e couleur : 270 ml d'émulsion blanche, 2 cuill. à soupe de terre d'ombre naturelle.

❹ VERT MOUSSE SUR OCRE JAUNE
1re couleur : 240 ml d'émulsion blanche, 2 cuill. à soupe de jaune de cadmium et de vert vif.
2e couleur : 210 ml d'émulsion blanche, 4 cuill. à soupe de vert émeraude, 1 cuill. à soupe de jaune de cadmium et de vert olive clair.

L'ÉCLAT DE LA LAQUE

Ne jouons pas sur les mots : il s'agit bien sûr d'une imitation ! Le poli incomparable de la laque orientale traditionnelle, addition de centaines de couches extrêmement fines – patiemment poncées les unes après les autres par des artisans pour qui le temps n'était pas une marchandise –, est sans rival. Il n'en reste pas moins que nous sommes heureux de bénéficier des acquis de la technologie moderne et de ses superbes peintures laquées relativement faciles à appliquer. Nous avons bien dit relativement, car la laque, même glycérophtalique, demande toujours du soin et de la persévérance. La réussite dépend aussi de trois autres éléments. D'abord, un fond parfaitement préparé : une surface grumeleuse et inégale ne donnera jamais cette luisance de miroir qui fait la séduction de la laque. Ensuite, une impression à l'huile (voir ci-dessous). Enfin, il faut disposer d'un local parfaitement à l'abri de la poussière.

RECETTE DE BASE – LAQUE ET CHROME

INGRÉDIENTS

Proportions pour « laque et chrome » page 56
Couche d'apprêt ➤ 500 ml d'impression universelle blanche
Peinture laquée ➤ 1 ½ litre de peinture laquée glycérophtalique jaune vif (5 couches)

MATÉRIEL

Agitateurs / 2 brosses à laquer de 50 mm / abrasif à l'eau / chiffons non pelucheux / eau chaude savonneuse

INSTRUCTIONS

Couche d'apprêt

1 Agitez bien la boîte d'impression avant de l'ouvrir. Appliquez à la brosse sur les surfaces préparées (voir pages 12-13 et 16-17) en couche uniforme et assez copieuse. Laissez sécher 5-6 heures, puis poncez méticuleusement.
2 Enlevez toute trace de poussière avec un chiffon imbibé d'eau chaude savonneuse. Laissez sécher totalement.

Laque

1 Agitez bien la boîte (le liant tend à se déposer au fond). Appliquez en couche lisse et fine, dans le sens du bois et sans trop tirer la peinture – mais néanmoins en évitant les traits de brosse trop courts et « hachurés ». Laissez si possible sécher 12 heures (au moins 8 heures en tout cas).
2 Poncez longuement et doucement avec l'abrasif à l'eau, essuyez avec un chiffon humide et laissez sécher.
3 Répétez deux fois les étapes 1 et 2. Passez une dernière couche et laissez durcir 3 jours.

En haut à gauche : la surface très dure de la peinture laquée, hautement résistante à l'eau, est idéale pour les salles de bains, là où les changements de température et la condensation dégradent les revêtements moins résistants.

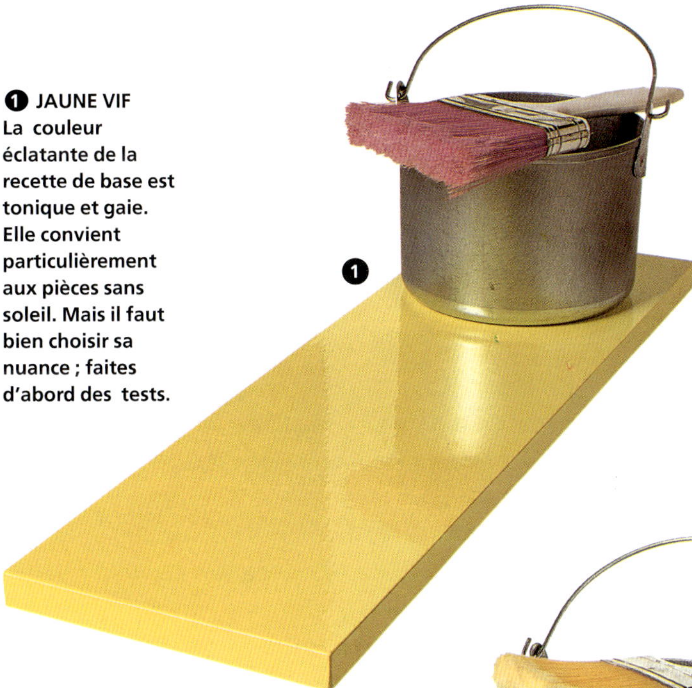

1

❶ JAUNE VIF
La couleur éclatante de la recette de base est tonique et gaie. Elle convient particulièrement aux pièces sans soleil. Mais il faut bien choisir sa nuance ; faites d'abord des tests.

2

❷ GRAPHITE
Ce gris presque noir, avec une petite trace d'indigo, s'accorde parfaitement avec le chrome et l'acier.

3

❸ ROUGE LAQUE
Hommage à la laque orientale traditionnelle, ce rouge profond met en valeur les bois noirs et les décors stylisés.

PEINTURE VIEILLIE

La peinture vieillie est d'un précieux secours pour le décorateur, qui dispose à cet effet de différentes techniques qui ont toutes le même but : conférer du relief et une texture intéressante – une « histoire », pourrait-on dire – à de banales surfaces planes et lisses. Vieillir une peinture consiste soit à lui donner de la profondeur en l'ombrant (ou au contraire en la décolorant comme le feraient la pluie et le soleil), soit à la désagréger par endroits pour laisser apparaître les couches de base. Certains vont encore plus loin en ajoutant trous de vers factices et entailles...

RECETTE DE BASE – RÉSERVE À LA CIRE

INGRÉDIENTS

Proportions pour l'armoire « style bateau » page 50 :
Couche de fond ➤ 500 ml d'émulsion vinylique blanc mat
Réserve ➤ 150 ml de cire blanche pour meubles
Seconde couleur (2 couches) ➤ 375 ml d'émulsion vinylique blanc mat / couleurs acryliques : 300 ml de turquoise ; 105 ml de vert Guignet

MATÉRIEL

2 récipients à peinture / agitateurs / 2 brosses à émulsion de 50 mm / 1 brosse à décoration ronde de 25 mm / papier de verre moyen et fin / chiffons non pelucheux / eau

INSTRUCTIONS

Couche de fond

Appliquez l'émulsion sur la surface préparée (voir pages 12-17) avec une brosse à émulsion. Laissez sécher 3 heures.

Réserve à la cire

Avec la brosse ronde, passez une couche de cire mince et uniforme sur toutes les parties qui seraient naturellement les plus exposées à l'usure : sur les bords des portes, autour des boutons et poignées, sur les reliefs, ainsi que de toutes petites plaques ici ou là. Protégé par cette pellicule de cire, le fond réapparaîtra quand vous poncerez : donc, plus vous appliquerez de cire, plus l'effet de vieillissement sera accentué. Laissez durcir 15 minutes.

Seconde couleur

Mélangez bien émulsion et couleurs. Passez deux couches régulières, à 2 heures d'intervalle, avec la seconde brosse de 50 mm. Laissez sécher 3 heures.

Vieillissement

1 Avec le papier de verre à grain moyen, poncez toutes les parties qui ont été couvertes de cire. Soyez patient, car il faudra un peu de temps pour obtenir le résultat qu'auraient donné des années de lente usure...

2 Prenez ensuite l'abrasif à grain fin et frottez doucement les bords des parties usées pour égaliser la surface et adoucir les contours, afin d'obtenir un effet plus naturel.

Note *Protégez éventuellement avec un vernis (voir p. 42-43).*

❶ BLEU D'EAU SUR BLANC
Recette de base. L'exemple du vieillissement le plus spectaculaire. La peinture semble littéralement rongée par le sel et le vent du large, comme si elle avait été exposée des années durant aux intempéries.

❷ BLEU PROFOND SUR JAUNE INTENSE
Nous avons utilisé ici des peintures toutes préparées aux couleurs méditerranéennes si intenses que l'application de cire et le ponçage ont été plus discrets.

❸ VERT ACIDE SUR TERRACOTTA
Fond : 290 ml de blanc, 150 ml de terre d'ombre naturelle, 4 cuill. à soupe de rouge de chrome. 2e couleur : 660 ml de blanc, 4 cuill. à soupe de vert émeraude, 1 cuill. à soupe de jaune de cadmium et de vert olive clair.

❹ LILAS SUR BLANC
Sur les nuances subtiles, l'effet d'usure doit être moins contrasté : disséminez des petites taches de cire sur la surface (2e couleur : 690 ml d'émulsion blanche, 4 cuill. à soupe de pourpre de dioxazine).

RECETTE DE BASE – PATINE À LA CIRE

INGRÉDIENTS **Proportions pour le pare-feu ci-dessous (voir les légendes pour le fond) Patine ➤ 2 cuill. à soupe de cire blanche pour meubles / couleurs à l'huile pour artistes : 1 cuill. à soupe d'ocre jaune**

MATÉRIEL **Assiette / cuillère pour mélanger / chiffons non pelucheux**

INSTRUCTIONS Placez la cire à température ambiante pour qu'elle ne soit pas trop dure. Versez-la dans l'assiette et malaxez-la longuement avec la couleur à l'huile. Repliez un chiffon en tampon et frottez toute la surface peinte avec la cire teintée. Laissez pénétrer 15 minutes et lustrez avec un chiffon propre.

❶ TONS CHAUDS Certaines couleurs prennent avec l'âge des nuances plus chaudes et plus profondes. C'est le cas du volet central, dont le fond, blanc crème à l'origine, a pris une teinte dorée sous l'effet de la patine cirée.

Fond volet central : 4 cuill. à café d'émulsion blanche, 2 cuill. à soupe d'ocre jaune. **Volets extérieurs :** 3 ⅓ cuill. à soupe d'émulsion blanche, 2 cuill. à soupe de pourpre de dioxazine, 4 cuill. à soupe de rouge de cadmium.

❷ PATINE FONCÉE Avec le temps, presque toutes les couleurs se « salissent » et foncent plus ou moins. Ici, la cire a été teintée avec ½ cuill. à soupe de gris de Payne et ½ cuill. à soupe de noir de Mars (couleurs à l'huile).

Fond volet central : 2 ⅔ cuill. à soupe d'émulsion blanche, 2 cuill. à café de terre d'ombre naturelle. **Volets extérieurs :** 2 ⅔ cuill. à soupe d'émulsion blanche, 2 ⅔ cuill. à soupe de bleu monastial, 4 cuill. à café de gris de Payne.

RECETTE DE BASE – GLACIS À PATINER

INGRÉDIENTS

Proportions pour les paravents ci-dessous (voir les légendes pour le fond)
Glacis ➤ 5 cuill. à soupe de glacis acrylique incolore / couleurs acryliques : 1 cuill. à soupe de vert monastial ; 2 cuill. à soupe de gris de Payne

MATÉRIEL

Récipient en plastique / agitateur / 1 brosse à émulsion de 50 mm

INSTRUCTIONS

1 Versez le glacis dans le récipient, ajoutez les couleurs et tournez jusqu'à ce que le mélange soit homogène.

2 Plongez juste le bout de la brosse dans le glacis, égouttez-la sur le bord pour qu'elle ne soit pas trop chargée, et appliquez sur toute la surface peinte en travaillant dans le même sens que les précédentes couches de peinture, de glacis ou de vernis.

3 Avec la même brosse, bien essorée, retravaillez rapidement la surface, toujours dans le même sens, pour répartir uniformément le glacis. Laissez sécher 3 heures.

Note *Sur une surface soumise à un usage intensif, complétez par deux couches de vernis acrylique, mat ou satiné.*

1

2

❶ VERT FONCÉ
Ici, le glacis de la recette de base est brossé sur un fond vert : 3 ⅓ cuill. à soupe de blanc, 2 cuill. à soupe de vert monastial et 4 cuill. à soupe de gris moyen.

❷ ROUGE SOMBRE
Sur cette émulsion prête à l'emploi rouge foncé, le glacis acrylique a été teinté avec 1 cuill. à soupe de rouge de cadmium et 2 cuill. à café de terre d'ombre brûlée.

CRAQUELURES À L'EAU

Lancée au XVIIIe siècle, où elle fit fureur, la finition craquelée est longtemps restée une spécialité d'antiquaire, réservée aux meubles « d'époque » ou à leurs imitations. Tout a changé aujourd'hui grâce à l'apparition des vernis à craqueler à base aqueuse, compatibles avec les émulsions vinyliques et les couleurs acryliques. Ces vernis sont certes beaucoup plus faciles à employer, mais leurs résultats sont toujours un peu imprévisibles... Pour mettre toutes les chances de votre côté, ne travaillez jamais par temps froid et humide. Le choix des couleurs est particulièrement important : jouez sur les contrastes, pour donner du dynamisme, ou privilégiez les camaïeux, pour le raffinement.

RECETTE DE BASE – VERT SUR BLEU

INGRÉDIENTS

Proportions pour l'« armoire-surprise » page 60 (nous avons utilisé ici des émulsions vinyliques prêtes à l'emploi)
Couche de fond ➤ 750 ml d'émulsion vinylique mate bleu roi
Craquelures ➤ 600 ml de vernis à craqueler à l'eau
Seconde couleur ➤ 750 ml d'émulsion vinylique mate vert vif

MATÉRIEL

2 récipients pour les émulsions / agitateurs / 2 brosses à émulsion de 50 mm / 1 brosse queue-de-morue de 25 mm

INSTRUCTIONS

Couche de fond

Agitez vigoureusement le pot d'émulsion bleue avant emploi. Versez celle-ci dans un récipient adapté et passez-la avec une brosse de 50 mm sur les surfaces préalablement préparées (voir pages 12-17). Cette première couche doit être régulière et assez généreuse. Laissez sécher 2 à 3 heures.

Craquelures

Remuez bien le vernis et appliquez-en une ou deux couches sur le fond bleu avec la petite brosse. La forme des craquelures dépendra de l'épaisseur de la couche et du sens dans lequel vous travaillerez. Deux couches généreuses donneront des craquelures accentuées et espacées ; avec une seule couche mince, elles seront plus fines et plus nombreuses. Elles seront horizontales si vous passez la brosse horizontalement, et verticales si vous travaillez verticalement. Pour obtenir un réseau dense de minuscules craquelures, croisez sans cesse les traits (pour un dessin régulier, alternez couche horizontale et couche verticale). Laissez sécher chaque fois de 1 à 2 heures selon l'épaisseur de la couche. Le vernis agit alors sur le fond, où les craquelures commencent à se dessiner.

Seconde couleur

Passez une couche d'émulsion verte. Les craquelures du fond réapparaissent au bout de 5 minutes environ, et la couche supérieure subit à son tour l'effet du vernis. Quand la surface est totalement sèche, la couleur du fond devient visible.

❶ VERT SUR BLEU
On voit ici l'effet d'une couche unique de vernis appliquée en film très mince et en traits verticaux, dans les couleurs de la recette de base. Pour un résultat plus fiable, utilisez comme nous des couleurs prêtes à l'emploi.

❷ JAUNE CITRON SUR AMÉTHYSTE
Même dominante verticale, cette fois avec deux couches de vernis, qui ont été davantage travaillées du bout de la brosse : les craquelures sont plus régulièrement réparties.

❸ ROSE PÂLE SUR VERT MOUSSE
À nouveau deux couches de vernis passées encore une fois verticalement, mais ici plus de craquelures en réseau : le vernis a été appliqué généreusement et rapidement, sans croiser ni tapoter.

❹ AMÉTHYSTE SUR JAUNE CITRON
Le seul exemple de dessin horizontal, avec deux couches assez épaisses, irrégulièrement travaillées : les craquelures larges alternent avec les stries très fines.

LISSAGE À L'EAU

Le lissage, autre finition décorative mise à la mode au XVIIIe siècle, est une technique dérivée de celle du veinage : on se sert d'une brosse à longues soies, dite queue à lisser, pour étirer un glacis translucide en très fines stries sur un fond de couleur différente (ton sur ton ou contrasté). Traditionnellement, le lissage se pratique avec des peintures à l'huile, plus longues à sécher, mais le lissage à l'eau, dont nous vous donnons la recette ici, se fait à partir de peintures vinyliques et de glacis acryliques, nettement plus économiques (et, si vous ne voulez pas faire l'acquisition d'une queue à lisser, vous pourrez à la rigueur vous servir d'une brosse à émulsion). Son principal inconvénient – un séchage trop rapide – ne vous gênera pas trop si vous vous bornez aux surfaces restreintes des meubles, car vous n'aurez pas à faire face aux problèmes de raccords qui se poseraient immanquablement si vous deviez appliquer ce décor sur des murs entiers, du plafond aux plinthes.
Les applications du lissage sont multiples : un glacis contrasté peut donner de la profondeur et du relief à une surface ou jouer le rôle d'une patine. Choisi dans la gamme des couleurs naturelles, il peut aussi être utilisé pour imiter le bois clair.

RECETTE DE BASE – OMBRE BRÛLÉE SUR ROUGE PROFOND

INGRÉDIENTS

Proportions pour l'armoire « grillage doré » page 54
Couleur de fond ➤ 750 ml d'émulsion vinylique mate rouge sombre
Glacis ➤ 250 ml de glacis acrylique / couleur acrylique : 3 ⅓ cuill. à soupe de terre d'ombre brûlée

MATÉRIEL

2 récipients pour l'émulsion et le glacis / agitateurs / 1 brosse à émulsion de 50 mm / 1 queue à lisser de 50 mm / chiffons non pelucheux

INSTRUCTIONS

Fond

Agitez bien le pot d'émulsion avant ouverture et versez-en environ un tiers dans un récipient (vous remuerez vigoureusement son contenu chaque fois que vous reverserez de la peinture). Passez deux couches uniformes, à 3 heures d'intervalle, sur les surfaces soigneusement préparées et poncées (voir pages 12-17).

Glacis

1 Dans le second récipient, mélangez le glacis acrylique et la couleur acrylique jusqu'à ce que la teinte soit homogène.
2 Trempez seulement le bout de la queue à lisser sèche dans le glacis coloré ; égouttez sur le bord et passez rapidement sur le fond, en travaillant dans le sens du bois et en traitant chaque surface en une seule fois pour éviter les raccords. Vous devez obtenir un voile de lignes très fines et bien droites, qui laissent transparaître le fond. Si vous faites un faux mouvement, n'essayez pas de rattraper le dessin : essuyez avec un chiffon propre et recommencez !

❶ OMBRE BRÛLÉE SUR ROUGE PROFOND
Recette de base. Le léger glacis brun passé sur le fond rouge intense donne ici un bel effet d'acajou clair.

Les proportions des couleurs acryliques données pour les variantes suivantes correspondent toutes à 250 ml de glacis acrylique incolore.

❷ BLANC SUR BISTRE
Fond : 600 ml de blanc, 120 ml de terre d'ombre naturelle, 2 cuill. à soupe de gris moyen. Glacis : 3 ⅓ cuill. à soupe de blanc.

❸ VIOLET FONCÉ SUR AMÉTHYSTE
Fond : 735 ml de blanc, 1 ½ cuill. à soupe de pourpre de dioxazine. Glacis : 3 ⅓ cuill. à soupe de pourpre de dioxazine.

❹ MANDARINE SUR ORANGE CLAIR
Fond : 660 ml de blanc, 6 cuill. à soupe d'orange de cadmium. Glacis : 3 ⅓ cuill. à soupe d'orange de cadmium.

GLACIS À LA BROSSE

Prévue à l'origine pour les murs, la peinture à la brosse – la finition décorative la plus couramment utilisée pour rehausser un fond uni – convient parfaitement aux meubles : l'effet de transparence sera ici accentué en appliquant un glacis coloré sur un fond uni. Nous vous proposons deux techniques légèrement différentes, qui donneront des effets très séduisants quelles que soient les couleurs choisies.

RECETTE DE BASE – ROUGE SOMBRE SUR ORANGE

INGRÉDIENTS

Proportions pour la « chaise Van Gogh » page 100
Base (2 couches) ➤ 500 ml d'émulsion vinylique mate orange
Glacis ➤ 250 ml de glacis acrylique incolore / couleurs acryliques : 100 ml de vermillon ; 3 ⅓ cuill. à soupe de rouge de cadmium

MATÉRIEL

Agitateurs / 2 brosses à émulsion de 50 mm / 1 récipient pour le glacis / chiffons non pelucheux

INSTRUCTIONS

Fond

Secouez bien le pot d'émulsion orange avant de l'ouvrir et appliquez deux couches uniformes avec l'une des brosses sur le fond préparé, scellé (voir pages 12-17). Laissez sécher 3 heures après chaque couche.

❶

❷

❸

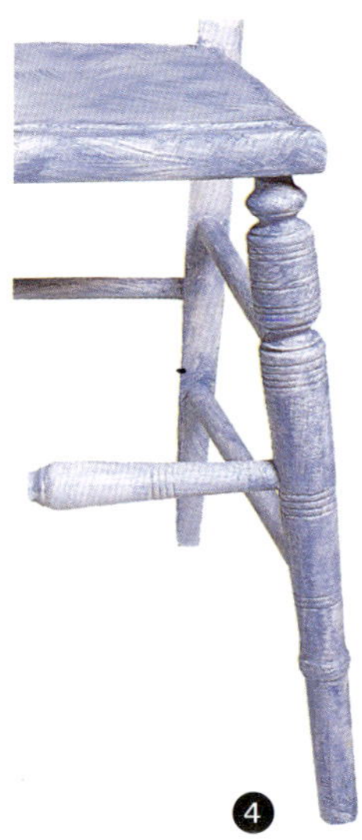
❹

❶ ROUGE SOMBRE SUR ORANGE
Recette de base. Avec des couleurs vives, il convient de bien répartir l'effet texturé. Pour les variantes, les quantités sont prévues pour 250 ml de glacis acrylique incolore.

❷ VERT ÉGYPTIEN SUR BLEU D'EAU
Fond : 440 ml d'émulsion blanche, 2 cuill. à soupe de bleu ceruléen et de vert monastial. Glacis : 5 cuill. à soupe de vert monastial et de bleu de cobalt.

❸ BLEU FONCÉ SUR GRIS TENDRE
Fond : 440 ml d'émulsion blanche, 4 cuill. à soupe de gris moyen. Glacis : 100 ml de bleu de Prusse, 3 ⅓ cuill. à soupe de terre d'ombre brûlée.

❹ BLEU NATTIER SUR BLANC POUDRÉ
Fond : 440 ml d'émulsion blanche, 3 cuill. à soupe de rose permanent, 1 cuill. à soupe d'ocre jaune. Glacis : 100 ml de bleu de cobalt, 3 ⅓ cuill. à soupe de blanc.

Glacis

1 Versez le glacis dans le récipient, ajoutez la couleur et tournez jusqu'à ce que la teinte soit homogène.
2 Utilisez la seconde brosse (sèche), dont vous tremperez seulement le bout – sur 2,5 cm environ – dans le glacis. Égouttez-la légèrement sur le bord afin qu'elle ne soit pas trop chargée et couvrez rapidement toute la couleur de fond sans chercher à lisser, mais au contraire en donnant des coups de brosse dans tous les sens de manière que les traits soient bien visibles. Appliquez davantage de glacis sur les détails que vous voulez souligner.
3 Sans attendre et avant que cette couche ait eu le temps de sécher, reprenez votre brosse et, sans la charger de peinture, passez-la sur toute la surface peinte en travaillant à nouveau à grandes hachures pour accentuer les effets de transparence sans estomper les traits de brosse apparents. Laissez sécher 3 heures.

VARIANTE – L'ESSUYÉ À LA BROSSE

Il s'agit d'une autre méthode plutôt que d'une autre technique. Vous appliquerez d'abord une couche de glacis lisse en chargeant complètement la brosse, de manière à couvrir uniformément le fond. Sans laisser à cette première couche le temps de sécher, reprenez la même brosse et essorez-la. Passez-la par endroits sur la surface, par petits traits croisés, comme si vous vouliez essuyer la peinture avec le bout des soies pour faire réapparaître le fond.

Pour créer un effet estompé avec de subtils dégradés, le mouvement doit être assez souple et léger. Il est donc impératif que le glacis soit encore fluide, et cette manière de procéder ne convient, en fait, qu'aux surfaces restreintes. Pour une armoire, vous utiliserez la première méthode.

❶ JAUNE CLAIR SUR ROSE INTENSE
Fond : 375 ml de blanc, 125 ml de rose permanent. Glacis : 5 cuill. à soupe de jaune de cadmium.

❷ VIOLET SUR LILAS
Fond : 375 ml de blanc, 125 ml de pourpre de dioxazine. Glacis : 4 cuill. à soupe de pourpre de dioxazine.

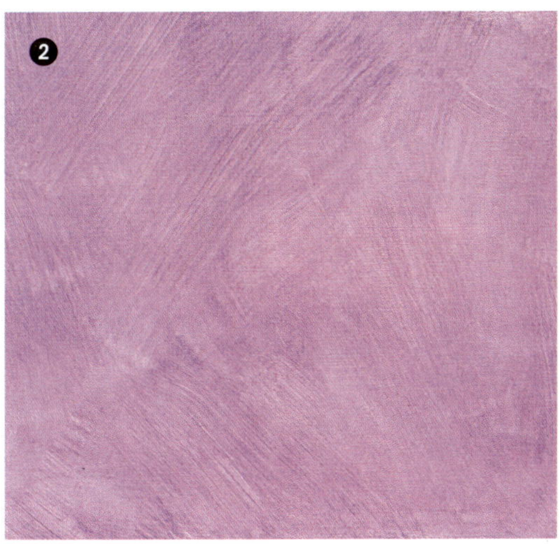

MOUCHETIS SUR PEINTURE À L'ÉPONGE

Cette recette inédite est le résultat des très nombreux essais effectués pour le guéridon imitation lapis-lazuli de la page 87, et elle associe deux techniques différentes : la peinture à l'éponge (complétée par un peu de brosse à pocher) et la peinture projetée, seule méthode valable pour réaliser des mouchetis harmonieux. Une fois le fond bleu et or mis au point, nous avons eu envie de poursuivre les expériences... C'est ainsi qu'est apparue l'imitation grès du tabouret numéro deux – en variant la gamme de base, on arriverait aussi à un faux granit tout à fait convaincant ! À partir de la même technique, le troisième tabouret, aux couleurs vives et contrastées, a été conçu dans un esprit résolument contemporain. Ce type de décor est idéal pour masquer les imperfections du fond, qui seraient au contraire voyantes sous une peinture lisse et unie, mais il convient surtout aux petites surfaces.

RECETTE DE BASE – LAPIS-LAZULI

INGRÉDIENTS

Proportions pour le tabouret de la page de droite (doublez les quantités pour la table page 87)
Couche de fond ➤ 5 cuill. à soupe d'émulsion vinylique blanc mat / couleur acrylique : 3 ⅓ cuill. à soupe de bleu de cobalt
Premier glacis ➤ 3 ⅓ cuill. à soupe de glacis acrylique incolore / couleurs acryliques : 2 ½ cuill. à soupe de bleu outremer / 1 cuill. à soupe d'eau
Deuxième et troisième glacis ➤ 100 ml de glacis acrylique incolore / couleurs acryliques : 5 cuill. à café de bleu outremer ; 1 cuill. à café de noir de Mars / 2 cuill. à soupe d'eau
Premier mouchetis ➤ couleurs acryliques : 1 cuill. à café d'ocre jaune / ½ cuill. à café d'eau
Deuxième mouchetis ➤ couleurs acryliques : 1 cuill. à café de blanc de titane / ½ cuill. à café d'eau
Troisième mouchetis ➤ 1 cuill. à café de peinture acrylique or

MATÉRIEL

3 récipients à peinture / agitateurs / 1 brosse à émulsion de 50 mm / 6 soucoupes / 3 petites éponges de mer / eau / gants jetables / 2 brosses à pocher rondes de 15 mm / 3 petites brosses rondes à poils durs (usagées) / papier journal / chiffons / carton pour les essais

INSTRUCTIONS

Fond

1 Préparez le fond bleu en mélangeant dans un récipient l'émulsion et la couleur acrylique (remuez bien, car le bleu de cobalt est un colorant intense).
2 Appliquez une couche uniforme avec la brosse à émulsion de manière à bien couvrir le fond. Laissez sécher 3 heures.

1er glacis à l'éponge

1 Mélangez le glacis et le bleu outremer dans un autre récipient et délayez avec l'eau (la consistance doit être fluide).

❶ LAPIS-LAZULI
Recette de base. Cette finition précieuse est à réserver pour des petites surfaces. Nous avons protégé les pieds et le dessus de ces trois tabourets contemporains en multiplis de bouleau avec deux couches de vernis polyuréthanne mat (250 ml).

❷ IMITATION GRÈS
Fond : 5 cuill. à soupe de blanc, 3 ⅓ cuill. à soupe d'orange de cadmium. 1er et 2e glacis à l'éponge : 150 ml de glacis acrylique, 2 ⅔ cuill. à soupe de terre de Sienne naturelle, 3 ⅓ cuill. à soupe d'eau. 1er mouchetis : 1 ½ cuill. à café de gris de Payne ; 2e : 1 ½ cuill. à café de bleu de Prusse.

❸ JAUNE ET ROUGE SUR VERT ACIDE
Fond : 5 cuill. à soupe de blanc, 3 ⅓ cuill. à soupe de vert émeraude. Deux glacis à l'éponge : 5 cuill. à soupe de glacis acrylique, 2 ⅔ cuill. à soupe de vert émeraude, 3 ⅓ cuill. à soupe d'eau. 1er mouchetis : 1 ½ cuill. à café d'ocre jaune ; 2e : 1 ½ cuill. à café de vermillon.

MOUCHETIS SUR PEINTURE À L'ÉPONGE

2 Mettez des gants. Trempez une petite éponge dans l'eau et essorez-la à fond. Trempez une face dans le glacis et appliquez-le par tapotements répétés sur le fond bleu. Retrempez votre éponge dans le glacis aussi souvent que nécessaire et changez plusieurs fois de côté pour varier la texture des dessins. Rincez-la fréquemment à l'eau claire afin que les pores ne s'encrassent pas. À ce stade, contentez-vous de couvrir sans surcharger, car le fond doit transparaître. Laissez sécher 2 heures.

2e et 3e glacis à l'éponge

1 Versez le reste de glacis dans un troisième récipient, mélangez avec les couleurs (attention au noir, qui s'agglomère facilement) et délayez peu à peu avec l'eau.
2 Passez une première couche à l'éponge comme indiqué précédemment (vous ne devez pas utiliser plus de la moitié du glacis préparé).
3 Prenez une petite brosse à pocher, trempez le bout dans le glacis, essorez et tamponnez doucement, avec un mouvement tournant du poignet, pour atténuer les empreintes de l'éponge. Laissez sécher 2 heures.
4 Passez une troisième couche en répétant les étapes 2 et 3. Vous devez alors obtenir une texture riche mais encore légèrement translucide, ayant la profondeur d'une surface minérale.

1er mouchetis

1 Mélangez l'ocre jaune et l'eau dans une soucoupe de façon à obtenir la consistance d'une crème fluide.
2 Protégez la surface de travail avec du papier journal et mettez une autre paire de gants jetables. Chargez une des petites brosses à poils durs de peinture et tenez-la fermement au-dessus de la surface ; de l'autre main, recourbez les soies vers l'arrière, puis relâchez-les brusquement avec un effet de ressort, ce qui va projeter une fine pluie de peinture sur le fond. Faites d'abord quelques essais sur une plaque de carton pour trouver à quelle distance vous devez tenir la brosse (entre 12 et 30 cm, en général) : plus vous la rapprocherez, plus le pointillé sera serré. Si vous la chargez davantage, les mouchetures seront plus grosses. Ne cherchez pas à remplir à tout prix le fond avec cette première couche, puisque vous compléterez l'ensemble avec les deux autres couleurs.

2e et 3e mouchetis

Préparez et appliquez de la même manière les deux autres mouchetis en changeant à chaque fois de gants.

Note *Le siège du tabouret devra impérativement être protégé par un vernis polyuréthanne (voir p. 42-43).*

PEINTURE AU POCHOIR

Les motifs au pochoir ont été omniprésents dans la décoration d'intérieur depuis une dizaine d'années, et leur vogue est un peu retombée aujourd'hui. On peut certes s'en lasser pour les murs et les grandes surfaces, mais ils sont irremplaçables pour les meubles. Centrés sur un panneau, répétés en frise ou répartis sur une surface entière comme un imprimé, ils n'ont pas leur pareil pour redonner du tonus à un meuble.

Tout ce qu'il vous faut, c'est une surface plane et un dessin de base qui puisse facilement se découper. Commencez par des formes simples avant de passer aux motifs complexes exigeant trois ou quatre passages avec des couleurs différentes. Toutefois, vous pourrez obtenir des surfaces texturées à l'effet garanti grâce à des techniques aussi simples que la peinture à l'éponge et le mouchetis (voir pages précédentes). Enfin, si vous utilisez des peintures spéciales pour tissu (voir page 170), vous pourrez créer des stores, des rideaux et des coussins inédits.

RECETTE DE BASE – PEINTURE EN AÉROSOL

INGRÉDIENTS

Proportions pour couvrir 12 m² environ
Fond ➤ voir légende ci-dessous
Peinture au pochoir ➤ 150 ml de peinture rose vif en aérosol ; 150 ml de peinture bordeaux en aérosol

MATÉRIEL

Photocopieur / carte à pochoir / ruban à masquer / table de coupe / scalpel / papier journal / chiffons / colle pour montages successifs en aérosol / masque de protection / carton pour essais

❶ BORDEAUX ET ROSE SUR JAUNE Recette de base. Surfaces lisses et contraste de couleurs pour la simplicité. Fond : 400 ml de peinture acrylique en aérosol jaune clair.

❷ ROSE CLAIR ET ROSE FONCÉ SUR FOND VERT SOMBRE L'effet dégradé des pétales est obtenu par transparence, en vaporisant moins de peinture puis en ombrant avec du rose foncé.

PEINTURE AU POCHOIR

INSTRUCTIONS

Confection des pochoirs

PORTEZ UN MASQUE ET TRAVAILLEZ DANS UN LOCAL BIEN VENTILÉ QUAND VOUS UTILISEZ DE LA COLLE OU DE LA PEINTURE EN AÉROSOL.

1 Décalquez les deux motifs (les pétales et le cœur de la marguerite) page 186, puis agrandissez-les à la taille voulue au photocopieur et découpez-les.

2 Fixez le motif principal sur la feuille de carte à pochoir avec du ruban à masquer, en laissant 10 cm de marge tout autour. Si vous devez réutiliser le pochoir pour répéter les motifs à intervalles réguliers, il sera beaucoup plus pratique de le reporter sur une feuille rectangulaire, en prenant en compte la distance entre deux marguerites.

3 Découpez très soigneusement tous les contours au scalpel, en vous efforçant autant que possible de suivre une ligne continue, pour obtenir des bords nets. Vous ne conserverez que le cadre portant en réserve la forme de la marguerite et le cercle intérieur (la couronne de pétales ne vous servira pas).

4 Confectionnez ensuite un autre pochoir portant en réserve le cercle plus petit correspondant au cœur (jetez le petit cercle découpé pour éviter toute confusion).

5 Avant de peindre, ajustez un cadre de papier journal tout autour des deux pochoirs à l'aide de ruban à masquer pour protéger les surfaces environnantes.

Placement et mise en couleurs des motifs

1 Déterminez l'emplacement du ou des motif(s) sur le fond. Encollez le dos du pochoir avec la colle pour montages successifs, posez-le d'abord une seconde sur un chiffon pour éliminer une partie de l'adhésif (vous éviterez ainsi de dégrader une surface fraîchement peinte), puis positionnez-le en lissant les bords.

2 Fixez au centre le cache rond que vous avez conservé.

3 Agitez bien l'aérosol de peinture rose. En le tenant à une trentaine de centimètres de la surface, pressez plusieurs fois, tout en effectuant un mouvement latéral de balayage pour obtenir un couvrant uniforme (la technique demande un peu d'entraînement : exercez-vous auparavant sur un morceau de carton). Décollez les pochoirs avec précaution avant que la peinture ait durci. Laissez sécher 1 heure.

4 Encollez le deuxième pochoir et appliquez-le sur le motif, de manière à ne laisser libre que le cœur de la marguerite. Agitez l'aérosol de peinture bordeaux et procédez comme précédemment pour couvrir le motif. Laissez sécher.

Note *Le cœur de la marguerite peut être positionné à l'œil, mais, dans le cas de motifs plus complexes, vous devrez tracer des repères (voir le motif vase p. 39 et 58).*

RECETTE DE BASE – PEINTURE À LA BROSSE À POCHER

INGRÉDIENTS

Proportions pour couvrir 12 m² environ
Fond ➤ voir légende ci-dessous
Première couleur ➤ 200 ml d'émulsion vinylique mate prête à l'emploi jaune foncé / couleur acrylique : 1 cuill. à soupe de blanc de titane
Seconde couleur ➤ 50 ml de la même émulsion vinylique jaune

MATÉRIEL

Photocopieur / carte à pochoir / ruban à masquer / table de coupe / scalpel / chiffons / récipient à peinture / agitateur / 2 soucoupes / 1 brosse à pocher de 15 mm / colle pour montages successifs en aérosol

INSTRUCTIONS
Pochoir et mise en couleurs

1 Confectionnez le pochoir suivant les explications détaillées de la page 158. Reportez-vous également à l'étape 1 (placement du pochoir) de cette même page.

2 Mélangez bien le blanc acrylique à l'émulsion jaune dans un récipient. Versez une petite quantité de cette peinture dans une soucoupe et trempez-y la brosse à pocher. Passez ce jaune clair sur toutes les parties découvertes en tapotant légèrement, avec un mouvement tournant du poignet, pour créer une texture granitée qui doit laisser transparaître le fond.

3 En utilisant le reste de l'émulsion jaune et la même brosse, appliquez cette deuxième couleur sur un côté de l'étoile en une couche un peu plus épaisse, de façon à créer un relief ombré.

4 Reprenez à nouveau la brosse à sec pour estomper doucement la démarcation entre les deux tons de jaune. Ôtez le pochoir et laissez sécher 1 heure.

❶ JAUNE CLAIR ET JAUNE FONCÉ SUR BLEU MARINE
Recette de base. Sur ce fond foncé (500 ml d'émulsion vinylique prête à l'emploi), l'effet d'ombre ressort très nettement. Ce motif ne doit pas être trop petit, car les brides reliant les parties évidées seraient trop fragiles.

❷ CAMAÏEU ROSE
Fond : 410 ml de blanc, 6 cuill. à soupe de pourpre de dioxazine. Rose clair : 6 cuill. à soupe de blanc, 2 cuill. à soupe de terre d'ombre naturelle et de pourpre de dioxazine. Rose foncé : 2 cuill. à soupe de terre d'ombre naturelle, 1 cuill. à soupe de rouge de cadmium.

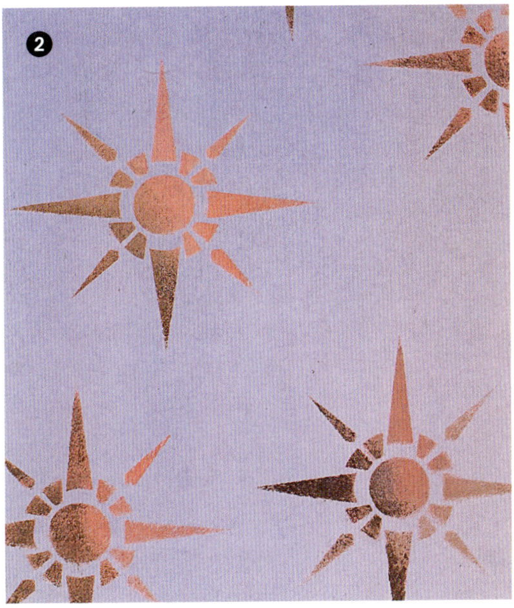

DÉCOUPAGES

Si vous n'avez pas la patience de collectionner vos sujets de prédilection, vous trouverez des albums thématiques proposant des motifs pour tous les goûts. Il est préférable de les photocopier, car vous aurez ainsi un support unique (la colle, les produits teintants et les vernis peuvent produire des effets très différents suivant la nature du papier). Nous avons choisi ici de disperser les motifs, mais les résultats sont superbes avec une surface entièrement recouverte.

RECETTE DE BASE – PAPIER JAUNI SUR BLANC ANTIQUE

INGRÉDIENTS

Proportions pour environ 3 m²
Fond ➤ 220 ml d'émulsion vinylique blanc mat / couleur acrylique : 30 ml de terre d'ombre naturelle
Vieillissement des découpages ➤ photocopies en quantité suffisante / 2 sachets de thé / 2 cuill. à soupe de café soluble / 300 ml d'eau
Fixation ➤ 50 ml de colle blanche vinylique
Couche de protection (pour l'intérieur – voir page ci-contre pour l'extérieur) ➤ 500 ml de vernis polyuréthanne satiné (2 couches)

MATÉRIEL

Récipient pour la peinture / agitateur / 1 brosse à émulsion de 50 mm / eau / chiffons non pelucheux / 1 petit pinceau d'artiste / 2 tasses / papier journal / soucoupe / 1 brosse de 25 mm / 1 brosse à vernis

INSTRUCTIONS

Fond

1 Versez l'émulsion dans un récipient, ajoutez la couleur acrylique et mélangez bien.
2 Appliquez deux couches uniformes, à 3 heures d'intervalle, sur le fond préparé (voir pages 12-17). Laissez sécher 3 heures.

Préparation des découpages

1 Trempez le petit pinceau d'artiste dans l'eau et passez-le sur les contours des dessins photocopiés pour ramollir les fibres du papier. Laissez agir 1 minute, puis déchirez doucement le papier le long de ces lignes. Vous aurez ainsi des contours amincis et joliment irréguliers, qui n'auront pas tendance à se retrousser. Disposez à votre guise les dessins photocopiés.
2 Faites infuser le thé dans une tasse avec 150 ml d'eau. Dans l'autre tasse, versez le reste d'eau chaude sur le café, sans remuer. Laissez refroidir.
3 Prenez les sachets de thé et passez-les sur les dessins (conservez-les). Laissez sécher 1 heure.

❶ PAPIER JAUNI SUR BLANC ANTIQUE
Voici un exemple spectaculaire de vieillissement avec du thé et du café. Vous n'êtes pas obligés d'en faire autant !

Mise en place

Répartissez les motifs sur le fond pour déterminer leur disposition. Protégez la surface de travail avec du papier journal, versez un peu de colle dans la soucoupe et, en vous servant de la brosse, encollez uniformément le dos de chaque image, sans mettre trop de colle. Positionnez à mesure les découpages sur le fond et lissez bien avec un chiffon pour chasser les bulles d'air éventuelles. Laissez sécher 2 heures.

Vieillissement

1 Reprenez les sachets de thé, humectez-les si nécessaire et passez-les sur toute la surface, y compris le fond peint.
2 Jetez presque tout le café et ne gardez que le fond, avec les granulés non dissous et 1 cuill. à café de liquide (voir page 39). Du bout des doigts, aspergez les découpages avec cette préparation. Laissez sécher 8 heures.

Couche de protection

Passez le vernis à la brosse. Pour un usage à l'extérieur, vous appliquerez trois couches de vernis marine.

DÉCOUPAGES TEINTÉS AU LAVIS

Vous pourrez obtenir des effets très variés avec des encres diluables à l'eau (1 part d'encre pour 20 parts d'eau), que vous appliquerez sur les photocopies avec un tampon de coton hydrophile. Tamponnez ensuite avec une petite éponge de mer pour absorber l'excédent de liquide et unifier – le but étant de teinter, non de détremper... Laissez sécher 1 heure environ. Collez sur le fond, passez un glacis coloré sur le tout (voir légendes), puis protégez avec le type de vernis approprié.

❶ PAPIER VIEILLI À L'ENCRE SÉPIA
Fond : 500 ml de peinture pour tableau noir (2 couches). Lavis : 150 ml d'encre sépia. Glacis : 150 ml de glacis acrylique, 100 ml d'émulsion blanche (à passer à la brosse sèche).

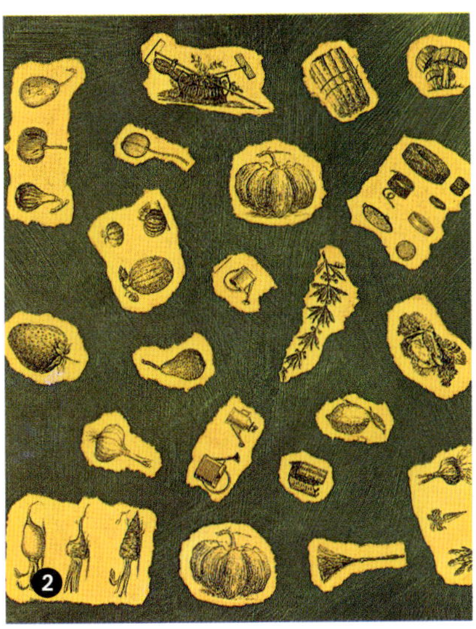

❷ OCRE JAUNE SUR VERT BOUTEILLE
Fond : 100 ml d'émulsion blanche, 120 ml de vert de Hooker, 2 cuill. à soupe d'ocre jaune. Glacis : 150 ml de glacis acrylique, 100 ml d'ocre jaune.

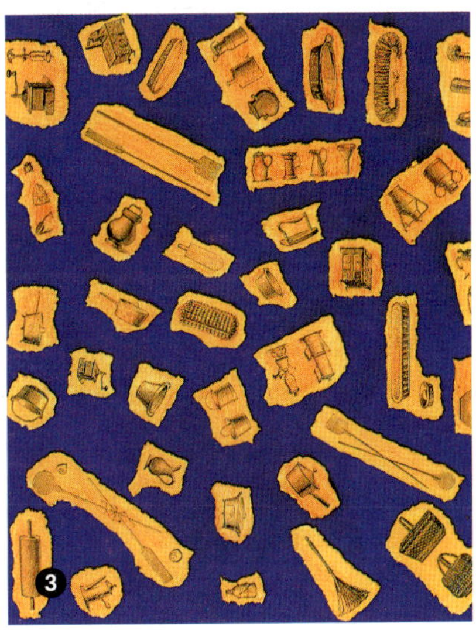

❸ ORANGE SUR BLEU OUTREMER
Fond : 250 ml d'émulsion bleue prête à l'emploi. Glacis : 150 ml de glacis acrylique, 3 ⅓ cuill. à soupe d'orange de cadmium.

RAYURES ET CARREAUX

Rayures, quadrillages et écossais sont faciles à peindre avec des mini-rouleaux en caoutchouc Mousse. Vous établirez la grille de base en vous guidant sur un modèle, et vous vous servirez d'un petit pinceau d'artiste pour les lignes fines. Ne vous trompez pas dans la superposition des couleurs (une teinte claire sur une teinte foncée ne donne pas le même effet que l'inverse).

RECETTE DE BASE – CAMAÏEU DE BLEUS

INGRÉDIENTS

Proportions pour la malle « vichy bleu atlantique » page 115
Fond (2 couches) ➤ 400 ml d'émulsion vinylique blanc mat / couleur acrylique : 100 ml de bleu céleste
Carreaux ➤ première couleur : 160 ml d'émulsion vinylique blanc mat ; 6 cuill. à soupe d'acrylique bleu outremer / deuxième couleur : 125 ml d'émulsion vinylique blanc mat ; 125 ml d'acrylique bleu outremer

MATÉRIEL

3 récipients à peinture / agitateurs / 1 brosse à émulsion de 50 mm / crayon aquarelle / règle graduée / équerre / 2 assiettes / 2 mini-rouleaux de 25 mm

INSTRUCTIONS

Fond

1 Mélangez dans un récipient l'émulsion blanche et la couleur acrylique. Tournez vigoureusement.
2 Avec la brosse à émulsion, passez deux couches régulières sur les fonds préparés (voir pages 12-17). Laissez sécher 3 heures après chaque couche.

Tracé de la grille

En vous servant du crayon aquarelle, de la règle et de l'équerre, tracez des lignes horizontales et verticales de manière à obtenir une grille de carrés de 9 cm de côté. Si vous devez travailler sur un meuble à tiroirs, remettez ceux-ci en place de manière à les intégrer au dessin – mais retirez-les avant de peindre !

Peinture des bandes

1 Préparez la première couleur (la plus claire) dans un autre récipient.
2 Versez-en une petite quantité dans une des assiettes et passez-y le rouleau en le faisant aller et venir pour le charger uniformément (vérifiez au besoin le résultat sur une feuille de papier).
3 Positionnez le rouleau sur une bande verticale et peignez de haut en bas, en le rechargeant régulièrement. Peignez toutes les autres bandes verticales de la même façon et laissez sécher 2 heures.
4 Préparez la seconde couleur. Prenez l'autre rouleau et l'autre assiette, et procédez de même pour les bandes horizontales ; laissez sécher.

❶ DEUX TONS DE BLEU SUR BLEU CIEL

Recette de base. Pour mieux imiter les carreaux tissés du vichy, vous accentuerez la pression du rouleau au croisement des bandes.

❷ VICHY ROUGE ET BLANC

Ce classique motif vichy utilise des émulsions prêtes à l'emploi (500 ml de blanc et 500 ml de rouge vif). Vous éclaircirez le rouge avec un peu de blanc pour les rayures verticales (faites des essais préalables).

❸ TARTAN ENSOLEILLÉ

Fond : 600 ml de blanc, 100 ml de vert vif, 3 ⅓ cuill. à soupe de jaune de cadmium.
1re couleur : 300 ml de blanc, 3 ⅓ cuill. à soupe de vert olive clair. 2e couleur : 2 cuill. à soupe de blanc, 4 cuill. à soupe de rouge de cadmium.

❹ TARTAN TRADITIONNEL

Fond : 500 ml de bleu foncé.
1re couleur : 500 ml de vert émeraude.
2e et 3e couleurs (lignes) : 6 cuill. à soupe de rouge et de blanc. La 1re grille de lignes est centrée sur le quadrillage vert, la 2e grille blanche se croise en son milieu.

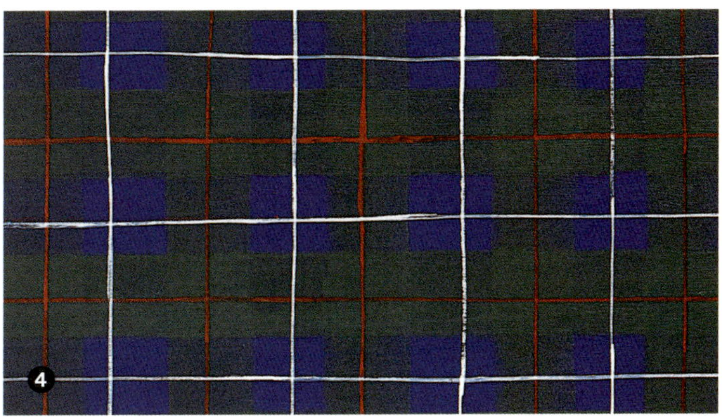

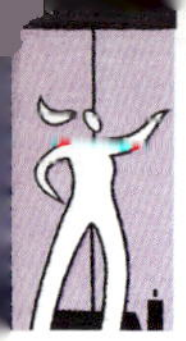

IMPRESSION AU TAMPON

Tout comme les motifs au pochoir, l'impression au tampon est parfaite pour rehausser une surface plane. Vous réaliserez vous-même, avec de la mousse ou des rondelles d'éponge, les formes géométriques simples, comme le décor de bulles de cette table de jardin, et vous raffinerez par des effets d'ombres et de textures. Les tampons vendus dans le commerce donneront un cachet très professionnel à vos impressions, avec leurs contours nets et leurs fines découpures. Ils conviennent particulièrement à tous les monogrammes et initiales.

RECETTE DE BASE – COULEURS ACRYLIQUES OU ÉMULSION

INGRÉDIENTS

Proportions pour la table « décor bulles » page 86 (cercle extérieur)
Motifs au tampon ➤ couleurs acryliques : 4 cuill. à soupe de blanc de titane ; 4 cuill. à soupe de bleu de phtalocyanine

MATÉRIEL

2 soucoupes / agitateurs / 2 tampons de mousse ronds de 35 mm de diamètre / morceau de carton

INSTRUCTIONS
Motifs au tampon

1 Versez le blanc dans une soucoupe et remuez-le bien pour lui donner une consistance onctueuse.

2 Appliquez le tampon en mousse sur la peinture avec un léger mouvement de bascule latérale, afin de bien le charger. Faites plusieurs essais préalables sur une feuille de carton, jusqu'à ce que vous obteniez des ronds parfaitement nets : vous comprendrez mieux alors quelle pression il faut exercer et quelle quantité de peinture prendre.

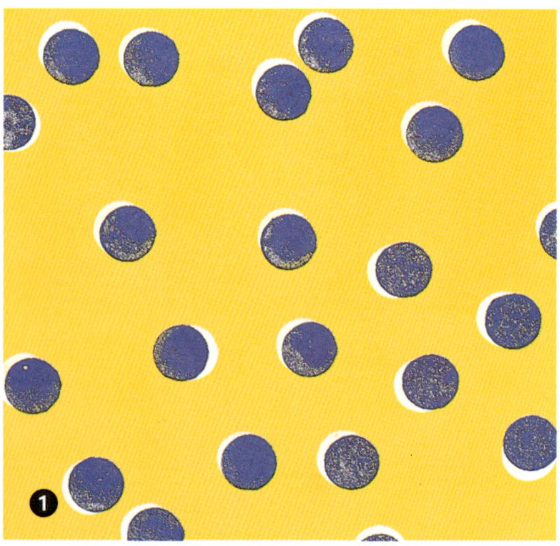

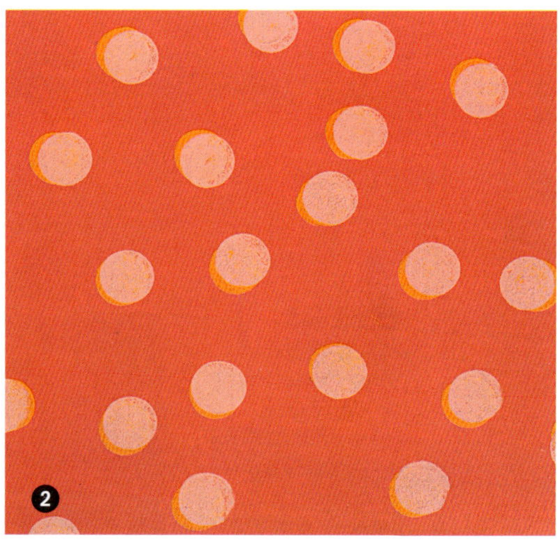

❶ BLEU ET BLANC Recette de base. Imprimé sur fond jaune vif (300 ml d'émulsion prête à l'emploi), ce motif conviendrait bien au store de la p. 61, et on pourrait le réaliser avec des peintures pour tissus (voir p. 170).

❷ ROSE ET ORANGE Fond : 150 ml de blanc, 100 ml d'écarlate, 3 ½ cuill. à soupe de rouge de cadmium. 1er motif : 4 cuill. à soupe de rouge de cadmium. 2e motif : 2 ½ cuill. à soupe de rose permanent, 1 ½ cuill. à soupe de blanc de titane.

3 Imprimez alors des motifs disséminés sur toute la surface. Laissez sécher 1 heure.

4 Versez le bleu de phtalocyanine dans une autre soucoupe, prenez le second tampon de mousse et chargez-le de peinture. Vous allez superposer à chaque petit rond blanc un rond bleu que vous décalerez légèrement d'un côté ou de l'autre, de manière à laisser un mince croissant blanc qui créera un effet de relief. Veillez à les orienter chaque fois différemment : cela donnera l'impression de bulles en mouvement.

IMPRESSION AVEC BLOCS ENCREURS

Les encres spéciales pour tissus donnent d'excellents résultats sur le bois. Disponibles dans une large gamme de couleurs, elles sèchent très vite et sont très faciles à utiliser grâce à leurs blocs encreurs rechargeables. Il suffit de presser le tampon à la surface puis de l'appliquer fermement sur le tissu, exactement comme un timbre en caoutchouc sur une lettre ! L'encre est sèche au bout de 30 minutes. Protégez le motif avec un vernis.

Nous avons utilisé une encre pour tissus de couleur bordeaux pour imprimer ces motifs feuille et plume sur une table de jeu dont le bois brut a été préalablement scellé avec un bouche-pores avant de recevoir une couche d'impression (voir pages 12-17). Peinture de fond : 200 ml d'émulsion blanche, 2 cuill. à soupe d'ocre jaune et 4 cuill. à café de terre d'ombre naturelle. L'abat-jour, imprimé des mêmes motifs, a été auparavant peint à l'éponge avec 100 ml de glacis acrylique coloré par 5 cuill. à café de pourpre de dioxazine (voir page 170).

EFFETS DE MÉTAL

La métamorphose d'un meuble est sans doute plus totale avec un décor façon métal puisque c'est sa matière même qui est travestie, le bois prenant l'aspect du cuivre, du bronze verdi par l'âge, de l'étain... Inutile de dire que cet habit fantaisie est d'un coût minime par rapport à celui du vrai métal. Toutefois, cette transformation demande patience et méthode, car il s'agit de superposer et de fondre différents glacis savamment patinés. Les finitions les plus prisées sont celles qui imitent le métal vieilli : fer rouillé, vert-de-gris du cuivre et du bronze antique... Chaque décorateur a sa recette artisanale de vert-de-gris, plus ou moins compliquée. Notre secret : un fond très mat obtenu avec de la peinture spéciale pour tableau noir. La finition cuivre rouge peut quant à elle donner un aspect futuriste insolite à un meuble utilitaire.

RECETTE DE BASE – ÉTAIN

INGRÉDIENTS

Proportions pour le ciel de lit « à la mauresque » page 122
Fond ➤ 100 ml de peinture argent en aérosol
Glacis étain ➤ 150 ml de glacis acrylique (incolore) / couleurs acryliques : 2 cuill. à soupe de gris de Payne ; 2 cuill. à café de noir de Mars

MATÉRIEL

Bâche en plastique / masque de protection / récipient pour le glacis / 1 assiette / 1 pinceau rond de 15 mm en soies de porc

INSTRUCTIONS

Fond

QUAND VOUS UTILISEZ UNE PEINTURE EN AÉROSOL, PORTEZ TOUJOURS UN MASQUE ET TRAVAILLEZ DANS UNE PIÈCE BIEN VENTILÉE.

Agitez bien l'aérosol avant usage. Tenez-le à une trentaine de centimètres de la surface et procédez par petites pressions successives en balayant peu à peu la surface à peindre jusqu'à obtenir un couvrant parfait. Laissez sécher 1 heure.

Glacis

1 Versez le glacis dans le récipient. Ajoutez le gris et le noir et mélangez vigoureusement.

2 Versez un peu de ce glacis coloré dans l'assiette, trempez-y la brosse et commencez à tamponner la surface. Insistez sur certains endroits et appliquez plus légèrement sur d'autres. Le fait d'utiliser une assiette vous empêchera de surcharger la brosse.

3 Reprenez la brosse à sec et retravaillez le glacis d'une main légère, en enlevant de l'épaisseur par endroits. Faites travailler votre poignet plutôt que votre bras, et efforcez-vous de nuager la surface pour imiter le voile mat de la patine. Laissez sécher environ 3 heures.

Note *Une couche de vernis acrylique mat protégera votre mince patine étain de l'usure.*

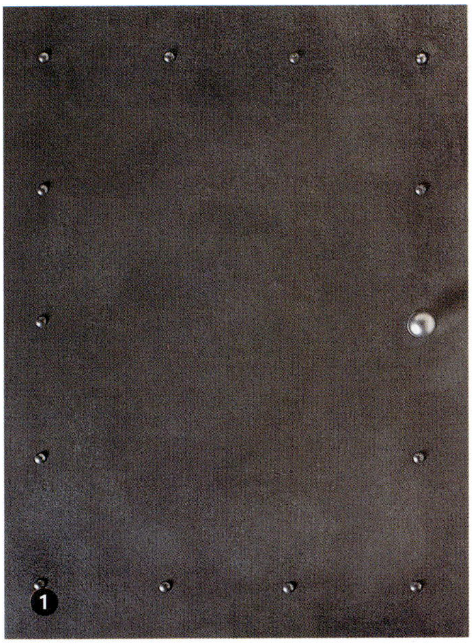

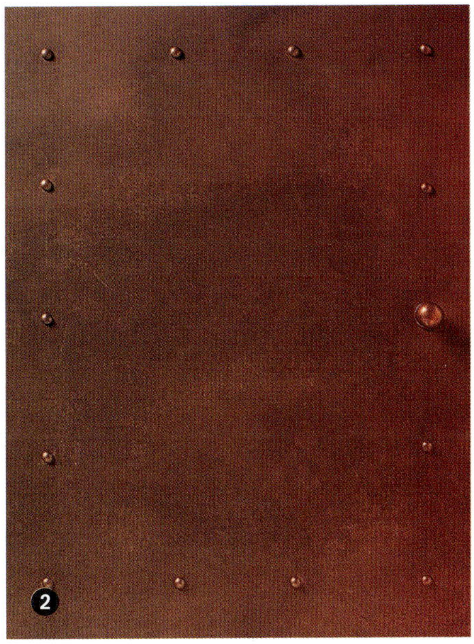

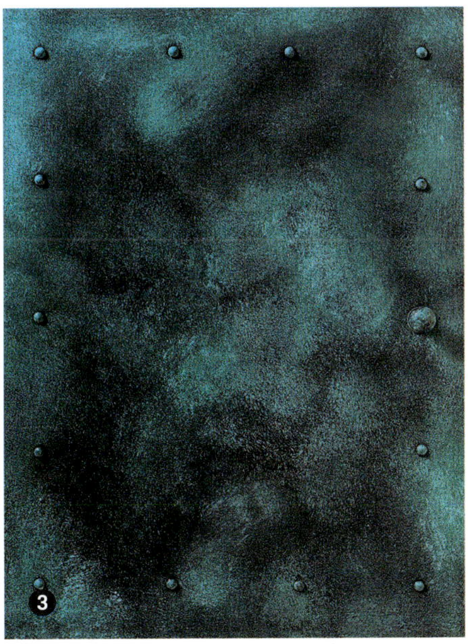

❶ ÉTAIN
Recette de base. Comme le cuivre, cette finition convient bien aux cuisines.

❸ VERT-DE-GRIS
Voir ci-dessous la recette. Fond : 250 ml de peinture pour tableau noir (2 couches). Glacis : 2 ½ cuill. à soupe de vert monastial, 2 ½ cuill. à soupe de blanc de titane.

❷ CUIVRE
En modifiant la recette de base de l'étain, vous obtiendrez une finition cuivre. Fond : peinture cuivre en aérosol. Glacis : 3 cuill. à soupe de noir de Mars, 2 cuill. à soupe de terre d'ombre brûlée.

RECETTE DE BASE – VERT-DE-GRIS

La finition vert-de-gris se différencie de la patine étain sur deux points. Tout d'abord, le fond n'est pas peint à l'aérosol : vous appliquerez à la brosse deux couches de peinture pour tableau noir sur la surface préparée. Rappelez-vous toutefois que, s'il faut une primaire grise sur le métal, le bois n'a pas besoin d'impression préalable. Par ailleurs, le glacis est retravaillé une deuxième fois du bout de la brosse avant séchage complet, pour imiter l'effet d'incrustation de la patine. Voir la légende ci-dessus pour les couleurs.

DORURE

La dorure à la feuille est la plus prestigieuse des finitions décoratives. On l'emploie le plus souvent pour souligner des détails – moulures ou ornements sculptés –, mais le substitut plus économique qu'est la feuille de cuivre battu imitation or la met à la portée des amateurs, encore que la technique reste délicate. Bien plus facile d'emploi, la dorure liquide à base de poudre en suspension donne aussi de très bons résultats.

RECETTE DE BASE – DORURE À LA FEUILLE AVEC PATINE

INGRÉDIENTS

Proportions pour la « table en or » page 75
Base ➤ 350 ml d'émulsion vinylique bleu profond prête à l'emploi
Couche adhésive ➤ 350 ml de mixtion à dorer à l'eau
Dorure ➤ 40 feuilles de cuivre imitation or
Couche de protection ➤ 3 cuill. à soupe de vernis satiné incolore

MATÉRIEL

Agitateurs / 1 brosse à émulsion de 50 mm / 1 brosse plate de 25 mm en soies de porc / 1 brosse à vernis de 50 mm / gants jetables / 1 pinceau rond de 25 mm à poils très souples / chiffons non pelucheux

INSTRUCTIONS

Base

Mélangez bien la peinture bleue avant emploi. Passez deux couches régulières avec la brosse à émulsion sur le fond parfaitement préparé et laissez sécher 3 heures.

Couche adhésive

Agitez également la mixtion à dorer avant emploi et appliquez-la en couche mince et uniforme en lissant : plus il restera de bulles à la surface, plus la dorure sera inégale... ne surchargez donc pas la brosse. Attendez que la préparation devienne transparente et collante en surface (15 à 20 minutes).

Application des feuilles

1 Dégagez un espace de travail, de manière à avoir les feuilles à portée de main.
2 Mettez des gants, saisissez délicatement une feuille (veillez à n'en prendre qu'une à la fois) et étendez-la sur le support. Le but est de couvrir la plus grande surface possible en laissant transparaître le fond.
3 Lissez très doucement (voir page 35) avec le pinceau souple, en pressant légèrement sur les reliefs pour faire adhérer la feuille.

Couche de protection

Appliquez le vernis avec un chiffon doux, par petits mouvements circulaires.

Pour obtenir un effet vieilli, frottez doucement la dorure avec de la laine d'acier ultrafine imprégnée d'alcool à brûler (laissez sécher 1 heure), ou ajouter une patine avec un glacis teinté (voir légende 2).

❶ PATINE LÉGÈRE
Le vieillissement, obtenu avec un glacis grisé, est limité aux cannelures du pied.

❷ OR VIEILLI
Base : 320 ml de blanc, 2 cuill. à soupe de terre d'ombre naturelle. Nous avons utilisé des fragments de feuilles, puis terni par endroits la dorure à la laine d'acier et à l'alcool à brûler. Enfin, nous avons ajouté une patine (1 cuill. à café de glacis acrylique, 1 cuill. à café de rouge de cadmium, ½ cuill. à café de gris moyen).

❸ DORURE LIQUIDE
La dorure liquide (4 ⅔ cuill. à soupe) est passée sur la base et vieillie par un léger ponçage. Base : 260 ml de blanc, 4 cuill. à soupe de terre d'ombre naturelle, 2 cuill. à soupe de rouge de cadmium.

❹ POUDRE MÉTALLIQUE
10 g de poudre façon bronze (voir recette ci-dessous). Base : 290 ml de blanc, 4 cuill. à soupe de vert émeraude.

❶

❷

❸

❹

VARIANTE – POUDRES MÉTALLIQUES

PORTEZ TOUJOURS UN MASQUE.

Choisissez une couleur complémentaire de celle du fond, qui sera revêtu de mixtion à dorer. Prenez un peu de poudre avec un pinceau épais et soyeux, et déposez-la sur la surface collante. Rechargez le pinceau et continuez jusqu'à ce que toute la surface soit couverte, en variant les effets. Brossez pour éliminer l'excédent et passez le vernis.

PEINTURE SUR TISSU

❶ JAUNE SUR BLEU
Recette de base.
Un petit air années 50 pour cette gamme de couleurs fraîches et toniques.

❷ BLEU CIEL SUR ROSE PÂLE
Variante pastel.
Fond : 2 ½ cuill. à soupe de rose permanent, 1 cuill. à soupe de blanc de titane.
Motifs : deux tons de bleu et un rouge cerise (peinture spéciale pour textiles).

❶

❷

Les peintures pour textiles vous permettront de personnaliser votre transatlantique ou votre fauteuil « metteur en scène ». Faciles à utiliser, elles se mélangent entre elles pour donner une éblouissante gamme de couleurs – et on peut varier leur texture en les mélangeant à des émulsions ou à des glacis pour peindre sur de la toile enduite. Sachez toutefois que les couleurs vives tendent à passer au soleil.

RECETTE DE BASE – QUADRILLAGE JAUNE SUR BLEU

INGRÉDIENTS

Proportions pour un transatlantique de dimension standard en toile écrue
Fond ➤ 150 ml de glacis acrylique incolore / couleurs acryliques : 2 cuill. à soupe de bleu de cobalt ; 1 ½ cuill. à soupe de blanc de titane
Motifs ➤ peinture spéciale pour tissus : 150 ml de jaune / 100 ml de vert menthe / 100 ml d'orange

MATÉRIEL

Récipient pour le glacis / agitateur / éponge de mer / eau / grande assiette / règle graduée / équerre / compas / crayons aquarelle / ruban à masquer / chiffons non pelucheux / 3 brosses rondes de 15 mm / fer à repasser

INSTRUCTIONS
Fond

1 Versez le glacis dans le récipient, ajoutez les couleurs et tournez vivement pour obtenir un mélange homogène.
2 Mouillez l'éponge et essorez-la à fond. Versez un peu du glacis coloré dans l'assiette, trempez-y l'éponge et appliquez sur le tissu en frottant avec des mouvements circulaires pour obtenir un effet nuagé. Laissez sécher 2 heures.

❸

❹

❸ VIOLET JAPONAIS
Fond : ici, la même quantité de glacis acrylique a été colorée avec 2 cuill. à soupe de pourpre de dioxazine et 4 cuill. à café de blanc de titane. Les caractères japonais (ils signifient « repos ») sont peints en jaune au pinceau fin (voir leur modèle page 186).

❹ GRIS JAPONAIS
Encore plus simple. Fond : 2 ½ cuill. à soupe de gris moyen et 1 cuill. à soupe de blanc de titane pour colorer le glacis. Peinture noire spéciale tissus pour les caractères.

Motifs

1 En vous servant de la règle graduée et de l'équerre, tracez au crayon aquarelle deux lignes verticales parallèles et de huit à dix lignes horizontales à intervalles égaux, de manière à former un quadrillage régulier.

2 Posez du ruban à masquer de part et d'autre de chaque ligne verticale pour délimiter une bande d'environ 12 mm de largeur (auparavant, appliquez le ruban quelques secondes sur un chiffon pour le rendre un peu moins adhésif, et qu'il n'abîme pas la peinture de fond).

3 Peignez ces bandes dans la première couleur avec un des pinceaux, en travaillant depuis le bord du ruban vers l'intérieur (vous éviterez ainsi les bavures). Retirez le ruban avec précaution et laissez sécher au moins 1 heure.

4 Procédez de même le long des lignes horizontales et finissez de peindre le quadrillage.

5 Repérez le centre d'un carré de la rangée centrale, piquez-y la pointe du compas et tracez un cercle. Décorez ainsi un carré sur deux sur toute la hauteur.

6 Peignez très soigneusement les cercles dans la deuxième couleur, en vous servant d'un autre pinceau (si vous n'êtes pas très adroit, soulignez la circonférence avec un crayon aquarelle de même couleur avant de peindre). Laissez à nouveau sécher 1 heure.

7 Sur les rangées horizontales ne comportant pas de cercle, tracez un carré à chaque extrémité et peignez-le à main levée dans la troisième couleur. Laissez sécher.

8 Repassez le tissu sur l'envers avec un fer moyennement chaud pour fixer les couleurs.

OSIER TEINT

La teinture de l'osier est l'une des techniques décoratives les moins connues – et pourtant elle peut être d'un précieux secours pour ceux qui veulent rénover à peu de frais des meubles de jardin ou des malles un peu fatiguées. Vous pourrez aussi transformer très facilement des vanneries bon marché en pimpants accessoires. Les couleurs vives sont particulièrement réussies, mais vous pouvez opter pour la gamme des pastels. Reportez-vous pages 12-13 et 16-17 pour la préparation de la couche d'apprêt.

RECETTE DE BASE – ROUGE VIF

INGRÉDIENTS

Proportions pour le panier à linge page ci-contre
Glacis ➤ 125 ml de glacis acrylique incolore / couleur acrylique : 325 ml de rouge de cadmium foncé

MATÉRIEL

Récipient pour le glacis / agitateur / 1 queue-de-morue de 75 mm / chiffons non pelucheux

INSTRUCTIONS
Glacis

1 Versez le glacis acrylique dans un récipient, ajoutez le rouge et mélangez vivement.
2 Appliquez sur toute la surface de l'osier, à l'intérieur et à l'extérieur, dans le sens du tissage (c'est-à-dire en suivant les ondulations) et en faisant pénétrer l'extrémité de la brosse dans les creux.
3 Avec des chiffons roulés en boule, essuyez l'excédent de peinture en allant toujours dans le sens du tissage. Laissez sécher 4 heures.

Note *Il est préférable de protéger la couleur par un vernis incolore mat ou satiné (voir p. 42-43).*

CONFECTION DU SAC À LINGE

Le métrage de tissu variera selon la taille du panier. Pour un panier de 50 cm de hauteur et de 56 cm de diamètre, nous avons utilisé 1,50 m de coton en 140 cm. Quelles que soient les dimensions, la marche à suivre reste la même. Après avoir pris vos mesures, taillez trois patrons dans du papier journal : un rond pour le fond, un rectangle pour le tour et une bande de même longueur pour le dessus coulissé. Épinglez-les sur le tissu et coupez en laissant une marge de 1,5 cm tout autour pour les coutures, plus 5 cm en haut pour l'ourlet. Bâtissez et essayez avant de coudre à la machine. Piquez les deux rectangles, fermez sur le côté et assemblez avec le fond. Piquez enfin le large ourlet supérieur en laissant une fente pour faire coulisser le cordon.

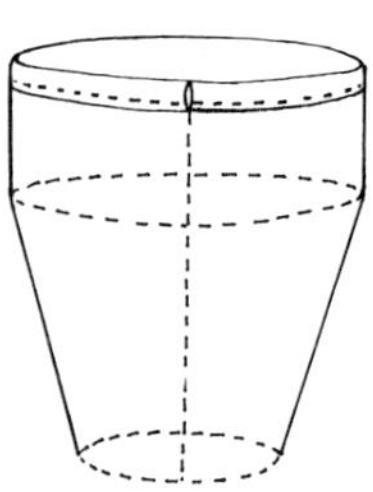

❶

❶ ROUGE VIF
Recette de base. Comme tous les autres modèles de cette page, ce panier a été passé au vernis-cire acrylique (125 ml).

❷ JAUNE D'OR
Pour obtenir ce ton chaud et ensoleillé, nous avons remplacé le rouge par 325 ml de jaune de cadmium.

❷

❸

❹

❸ BLEU MARIN
Ce bleu éclatant a été préparé avec 325 ml d'outremer. À réserver pour des ouvrages de petite taille, car c'est l'une des couleurs les plus chères !

❹ POURPRE
Pour cette quatrième variante un peu plus sophistiquée, nous avons utilisé 325 ml de pourpre de dioxazine.

MOSAÏQUE

La surface la plus banale prendra un air somptueux si vous l'ornez d'une mosaïque. Et surtout ne croyez pas que cette technique soit réservée aux surfaces horizontales ! Nous l'avons utilisée ici pour le panneau de porte d'un meuble de cuisine, qui est aussitôt devenu le centre d'attraction de la pièce. Essayez de ne pas vous borner aux dessins géométriques (vos mosaïques ne doivent pas ressembler à des carrelages), inventez au contraire des motifs figuratifs qui associent petits carrés et fragments de carreaux. Soyez particulièrement attentif à l'harmonie des couleurs, rutilantes ou en demi-teintes, et au besoin donnez-leur plus d'unité au moyen d'un glacis teinté.

RECETTE DE BASE – MOTIF POMME

INGRÉDIENTS

Proportions pour la porte à la pomme (58,5 x 58,5 cm)
Composition du motif ➤ environ 160 petits carrés de mosaïque rouges / 80 carrés verts de tons assortis (du vert pâle au vert moyen) / 30 carrés orange / 20 carrés vert foncé
Fixation ➤ 200 g de colle à carrelage
Joints ➤ 150 ml de mortier prêt à l'emploi / couleur acrylique : 2 cuill. à soupe de jaune / 3 ½ cuill. à soupe d'eau

MATÉRIEL

Règle métallique graduée / feuilles de papier format A2 / équerre / crayon / plaque d'aggloméré aux dimensions requises (voir ci-après) / punaises / photocopieur / ciseaux / eau chaude savonneuse et torchon (si nécessaire) / 1 spatule pour appliquer la colle à carrelage / pointe à tracer / pince à gruger / lunettes protectrices / niveau / boîte pour couper les carreaux / vieux drap / maillet en caoutchouc / agitateurs / couteau à enduire / éponge végétale / eau / assiette / 1 brosse de 25 mm / chiffons non pelucheux

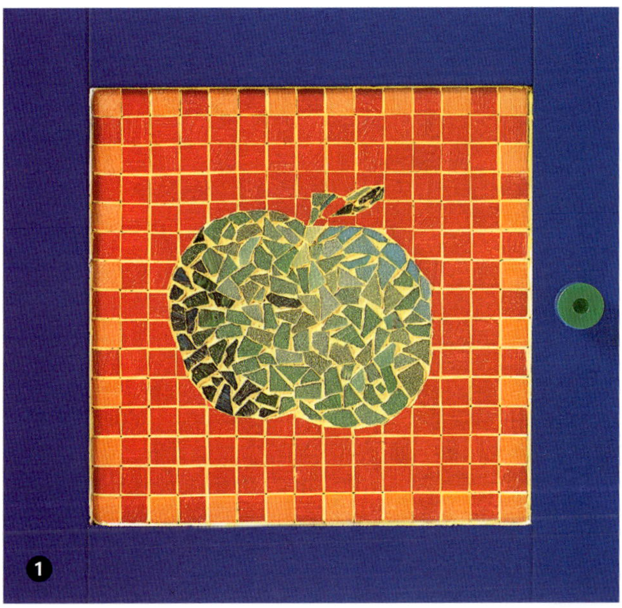

❶ MOTIF POMME
Peignez le cadre en bleu foncé (300 ml d'émulsion prête à l'emploi pour 2 couches) et vous aurez une superbe porte de cuisine. Les formes irrégulières des petits carreaux du motif pomme, cassés au marteau, contrastent avec la symétrie des carreaux rouges.

INSTRUCTIONS

Préparation

1 Tracez le plan de la surface à décorer, à l'échelle réelle, sur une feuille de papier et fixez-la avec des punaises sur une plaque d'aggloméré.

2 Décalquez le motif pomme page 187 et agrandissez-le à la taille requise au photocopieur. Découpez le contour et utilisez-le comme un gabarit pour reporter le dessin sur votre planche (vous pourrez le conserver pour un autre usage).

3 Repérez les positions approximatives des petits carreaux du tour. Si vous avez acheté ceux-ci par plaques, trempez-les dans l'eau chaude savonneuse pour les décoller et essuyez-les avec un torchon. Placez-les de l'extérieur vers l'intérieur, en prévoyant un petit intervalle pour les joints (l'espacement standard est de 1 mm). Quel que soit le motif choisi, essayez de maintenir cet espacement pour l'harmonie générale. Ne coupez pas encore les carrés à ce stade, même si le motif l'exige – contentez-vous de marquer d'un trait de crayon l'emplacement des coupes.

4 Reprenez votre gabarit et reportez le motif sur le fond préparé : le bois brut doit impérativement être scellé (voir pages 12-17), sinon il boirait presque toute la colle. Il est encore temps de faire quelques petites rectifications de tracé si vous le souhaitez.

Fixation

1 Enduisez le dos des carreaux d'une couche uniforme de colle, en vous servant de la spatule, soit par six ou par huit, soit un par un si vous ne vous sentez pas assez sûr de vous, et positionnez-les au fur et à mesure en exerçant une légère pression. Commencez toujours par les rangées des bords, en posant les coins en premier (voir page 41).

❷ AMMONITE
Ce motif requiert des contours précis, et vous devrez couper les carreaux à la pince. Le mortier a été teinté avec 2 cuill. à café de bleu pâle. Le cadre a été peint avec 250 ml d'émulsion blanche et 3 ⅓ cuill. à soupe de pourpre de dioxazine (voir page 187 pour le motif).

2 Continuez ainsi jusqu'à ce que vous ayez placé tous les carreaux entiers du fond.
3 Coupez alors les morceaux nécessaires pour compléter ce fond, en procédant de la manière suivante : posez le carreau à l'envers, entamez la surface avec la pointe à tracer sur le trait de coupe, puis coupez avec la pince à gruger (portez toujours des lunettes protectrices pour éviter les petits éclats). Travaillez au-dessus d'une boîte, ce qui vous permettra de récupérer tous les petits morceaux – ils pourraient se casser s'ils étaient projetés par terre.
4 Encollez les morceaux préparés et placez-les.
5 Pour le motif pomme, composé de plus petits fragments, vous pourrez soit continuer à couper avec la pointe à tracer et la pince à gruger, soit placer les carreaux à plat à l'intérieur d'un drap replié et les écraser en donnant des coups secs avec le maillet en caoutchouc. Vous obtiendrez par ce dernier procédé des morceaux aux formes « imprévisibles » que vous devrez assembler comme les pièces d'un puzzle.
6 Fixez maintenant les détails tels que feuille et queue, et entourez-les de petits fragments rouges ; puis attaquez le puzzle pomme, dont vous aurez préparé tous les éléments (prévoyez toujours quelques morceaux en plus). Il n'existe aucune règle définie pour assembler cette partie, le plus important étant d'obtenir un effet plaisant à l'œil et de conserver l'intervalle des joints. Terminez par le centre.

Préparation des joints

1 Malaxez bien le mortier et appliquez-le sur toute la surface de la mosaïque avec le couteau à enduire, en le faisant bien pénétrer entre les carreaux.
2 Raclez l'excédent et récupérez-le soigneusement (il vous servira une autre fois).
3 Mouillez l'éponge, essorez-la et frottez minutieusement les carreaux pour éliminer toutes les traces de mortier sur la surface vernissée. Laissez sécher au moins 8 heures.

Coloration du mortier

1 Dans une assiette, délayez le jaune acrylique avec de l'eau, de manière à obtenir une consistance crémeuse.
2 Appliquez sur toute la surface avec la petite brosse, en insistant sur les joints.
3 Essuyez rapidement avec un chiffon humide. Laissez sécher 2 heures et nettoyez à nouveau la mosaïque avec un chiffon pour éliminer les dernières traces.

Note *Protégez votre mosaïque avec du ruban à masquer si vous peignez ensuite l'encadrement de la porte.*

MÉTAL REPOUSSÉ

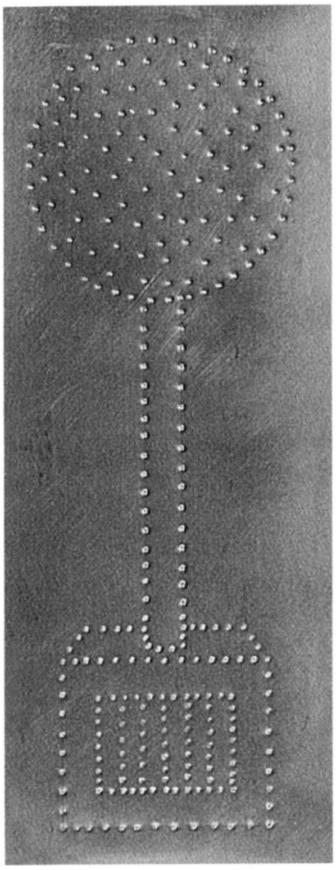

À la différence de la mosaïque, la technique du métal repoussé peut s'appliquer à des ouvrages de toutes dimensions, de la petite boîte décorative aux grands coffres à couvertures, d'un simple panneau (voir le buffet grand-mère de la page 70) à un dessus de table basse et à une porte entière. Néanmoins, elle a ceci de commun avec la mosaïque qu'elle est réservée aux surfaces planes (adapter les feuilles de métal aux courbes soulèverait en effet des difficultés quasi insurmontables pour le non-professionnel).

Le métal repoussé est par essence un art populaire, très pratiqué en Europe centrale et dans les pays germaniques. On le retrouve aussi chez les communautés fortement enracinées de Nouvelle-Angleterre et de Pennsylvanie, comme les Amish et les Shakers, dont les motifs traditionnels, simples et élégants, possèdent une grâce naïve et austère : arbres, fleurs, bordures géométriques, cercles et étoiles. Nous nous en sommes d'ailleurs inspirés ici. En Autriche, et notamment dans les auberges de la forêt viennoise, les motifs sont beaucoup plus élaborés : des entrelacs complexes et des « arbres de vie » dont les branches courent le long des panneaux, des volutes et des spires qui dénotent une influence rococo.

RECETTE DE BASE – ARBRES STYLISÉS

INGRÉDIENTS

Proportions pour les quatre panneaux de porte page 178
Adaptations ➤ quatre feuilles de métal à repousser de taille adéquate (voir ci-après)
Couche protectrice ➤ 100 ml de white-spirit / 100 ml de cire d'abeille pour meubles
Fixation ➤ 100 ml de colle-contact, fixation forte / petits clous à tête plate en laiton (voir pages suivantes)

MATÉRIEL

Règle métallique / équerre / crayon / papier journal (facultatif) / ciseaux / ruban à masquer / marqueur universel / cisaille à métal / maillet en caoutchouc ou en bois / ruban adhésif / large plaque d'aggloméré aux dimensions requises (voir ci-après) / photocopieur / papier millimétré A4 / pointeau ou petit chasse-clou /marteau / gants résistants / abrasif à l'eau / chiffons non pelucheux / 1 brosse ronde / poinçon

INSTRUCTIONS
Préparation du métal

1 Nous avons coupé directement les feuilles de métal aux dimensions des panneaux de porte (soit quatre rectangles, deux de 89 x 19 cm et deux de 46 x 19 cm). Cependant, vous pouvez par prudence tracer d'abord les patrons des panneaux sur du papier journal. Appliquez ces gabarits sur le métal avec du ruban à masquer et reportez leurs contours avec le marqueur universel.

Décor original pour une porte (voir les motifs page 187). On remarquera que, sur les panneaux du haut, le métal a été alternativement repoussé de chaque côté, créant des bosses et des creux sur l'endroit.
Il s'agit en réalité d'une fausse porte à panneaux : une fois les plaques de métal collées sur la surface plane de la porte, nous avons appliqué par-dessus un cadre en lattes de pin et nous avons renforcé la fixation avec des petits clous décoratifs à tête de laiton.
Sur la peinture de fond du cadre (500 ml d'émulsion vert clair, en 2 couches), nous avons travaillé à la brosse sèche le glacis suivant : 100 ml de glacis acrylique et 250 ml d'émulsion vert mousse foncé (que nous avons laissé sécher 2-3 heures).

2 Découpez les panneaux à la cisaille et émoussez leurs bords tranchants avec le maillet en caoutchouc ou en bois.
3 Positionnez les panneaux pour vérifier leurs dimensions (en aplatissant encore au maillet, vous pourrez éventuellement gagner 1 ou 2 mm). Posez du ruban adhésif à cheval sur toutes les bordures.
4 Prenez le premier panneau et fixez-le avec du ruban à masquer sur la plaque d'aggloméré. Décalquez les motifs page 187 et agrandissez-les au photocopieur à la taille des panneaux. Transférez-les sur le métal.

Travail du métal

1 En travaillant de gauche à droite et de haut en bas (si vous êtes droitier), positionnez le chasse-clou ou le pointeau sur l'un des points du tracé et donnez un petit coup sec de marteau (voir page 40). Vous devez simplement enfoncer le métal, qui formera une petite protubérance sur l'envers, et en aucun cas le percer.
2 Déplacez le pointeau d'environ 1 cm sur la ligne et donnez un autre coup de marteau. Poursuivez de la même manière tout au long du tracé.
3 Toujours selon le même procédé, repoussez le métal sur les points isolés au centre des frondaisons. À vous de décider ensuite si vous voulez un motif régulier (dans ce cas, faites des repères) ou au contraire des points librement disséminés.

Finition

1 Mettez des gants : vous les garderez maintenant jusqu'au bout pour éviter de laisser des empreintes sur le métal.
2 Retournez la plaque et martelez doucement les protubérances avec le maillet en caoutchouc ou en bois. Sans affecter en rien l'aspect de l'endroit, cela aplatira l'envers, qui pourra ainsi plus facilement se coller.
3 Retournez la plaque sur l'endroit et poncez-la bien régulièrement avec l'abrasif mouillé, en faisant des petits cercles afin de créer un léger dépoli.
4 Nettoyez toute la surface avec du white-spirit, appliqué avec un tampon de chiffon.
5 Avec un chiffon propre, appliquez une fine couche de cire sur toute la plaque. Laissez agir 15 minutes, puis lustrez.

Fixation

1 En vous conformant strictement au mode d'emploi, encollez le dos du panneau et la surface sur laquelle il doit s'appliquer. Positionnez-le et laissez la colle prendre.
2 Sur une porte à panneaux, consolidez la fixation en enfonçant un clou à tête plate en laiton aux quatre coins. Pour une porte plane, voir légende page précédente.
3 Répétez l'opération pour les trois autres panneaux.

VERRE SABLÉ

Pendant très longtemps, le seul verre dépoli disponible dans le commerce était le verre cathédrale, peu esthétique : il n'avait pas une fonction décorative, mais protectrice: il empêchait les regards indiscrets de voir à travers les fenêtres des salles de bains... Les antiquaires, eux, proposaient les rarissimes verres sablés à motifs modern style ou Art déco, qui coûtaient des petites fortunes. Entre les deux, pas d'intermédiaire, sinon le lugubre plastique adhésif translucide qui mangeait la lumière. Tout a changé aujourd'hui grâce aux vernis opaques texturés qui s'appliquent sur les vitres et qui permettent de dessiner le motif de son choix. À base acrylique, ils peuvent se colorer pour créer un spectaculaire effet vitrail.

RECETTE DE BASE – MOTIF FEUILLE

INGRÉDIENTS

Proportions pour une petite porte vitrée (32 x 36 cm)
Motifs ➤ 5 cuill. à soupe de vernis opaque texturé

MATÉRIEL

Ruban à masquer en 25 mm (pour une vitre posée) ou ruban plastique adhésif (pour une vitre libre) / ciseaux / nettoyant à vitres / chiffons non pelucheux / photocopieur / crayon / 1 feuille de Polyphane format A4 / scalpel / table de coupe / assiette / 1 brosse de 25 mm / 1 mini-rouleau en mousse de 100 mm

INSTRUCTIONS

Préparation

1 Si la vitre est posée, protégez son encadrement avec du ruban à masquer. S'il s'agit d'une vitre libre, couvrez les bords de plastique adhésif pour éviter tout accident.
2 Nettoyez toute la surface avec un produit spécial pour vitres et un chiffon propre, en évitant de mouiller le ruban à masquer. Il ne doit rester aucune trace grasse ni aucune empreinte.

Motif

1 Décalquez le motif feuille page 187 et agrandissez-le au photocopieur.
2 Reportez-le sur la feuille de Polyphane et évidez-le au scalpel sur la table de coupe. Conservez à la fois la feuille et son empreinte.
3 Détachez délicatement le papier de protection du motif feuille et appliquez-le sur le verre, en prenant soin de ne pas le toucher avec les doigts.

Appication du vernis

1 Versez le vernis dans l'assiette et appliquez-en une couche régulière sur toute la surface avec le pinceau.
2 Sans laisser sécher, travaillez rapidement avec le rouleau en mousse, dans toutes les directions : le but est d'éliminer tous les traits de brosse qui pourraient rester visibles.
3 Avec la pointe du scalpel, soulevez délicatement un coin du pochoir et retirez-le complètement avant que le vernis com-

❶ MOTIF FEUILLE
Recette de base. Son style un peu rétro conviendra très bien à un buffet de cuisine vitré.

❷ MOTIF CACTUS
Le procédé est ici inversé. Seul le motif est traité en verre sablé, tandis que le pochoir masque tout le reste de la vitre. Nous avons ajouté au vernis 1 cuill. à café de colorant vert (voir page 187 pour le motif);

❸ ÉCHIQUIER
Pour ce motif, tracez sur le pochoir une série de carrés de 5 cm de côtés . Évidez un carré sur deux, en quinconce. Ou bien réalisez un cache plus simple avec une grille de ruban à masquer de 5 cm de largeur.

❹ POISSONS
Même méthode que pour l'exemple numéro 2, mais cette fois en ajoutant au vernis 1 cuill. à café de colorant acrylique bleu (voir page 187 pour le motif).

❶

❷

❸

❹

mence à durcir (sinon vous risquez d'enlever une partie du motif en même temps). Retirez également le ruban à masquer et laissez sécher 4 heures.

Notes *Nous avons utilisé ici du Polyphane pour le motif tasse du buffet grand-mère de la page 70. Dans le cas d'une surface aussi lisse que le verre, il est impératif que le pochoir adhère étroitement, sinon il peut y avoir des infiltrations de vernis sous les bords.*

Nous avons appliqué le motif en négatif sur le fond sablé ; rien ne vous empêche de le répéter en positif sur une autre vitre (en utilisant l'autre partie du film).

N'utilisez que de l'eau savonneuse pour nettoyer le verre dépoli.

MOTIFS ET GABARITS

Vous trouverez ici les modèles des motifs utilisés dans cet ouvrage, ainsi que les plans et gabarits qui vous sont nécessaires pour les diverses modifications apportées aux meubles. Décalquez-les, puis agrandissez-les au photocopieur aux dimensions voulues, afin de les ajuster aux surfaces dont vous disposez. Rien ne vous empêche de puiser dans ce catalogue des motifs pour créer vos propres projets.

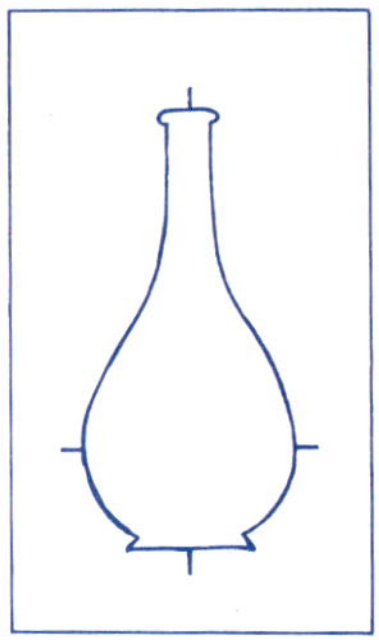

POCHOIR VASE
Tracez 4 repères sur chacun des pochoirs. Vérifiez qu'ils coïncident. Vous les. reporterez sur le fond du vase peint et ils vous serviront à positionner le pochoir rayures (voir les illustrations page 39).

Page 58 : vase au pochoir sur tiroirs en trompe-l'œil

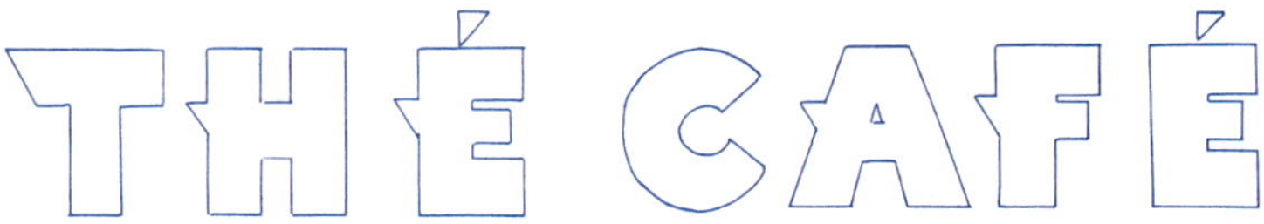

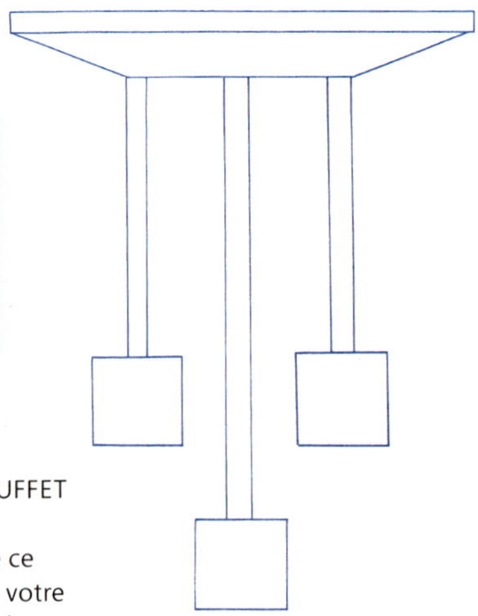

devant

GABARIT DU DESSUS DE BUFFET EN ZINC
Aidez-vous de ce plan, même si votre buffet n'a pas les mêmes dimensions. Les lignes rouges sont celles des pliures. Pensez à évider les angles comme indiqué pour obtenir une finition nette.

Pages 70-74 : buffet grand-mère

Dosseret (attention : l'échelle est différente de celle de l'entretoise)

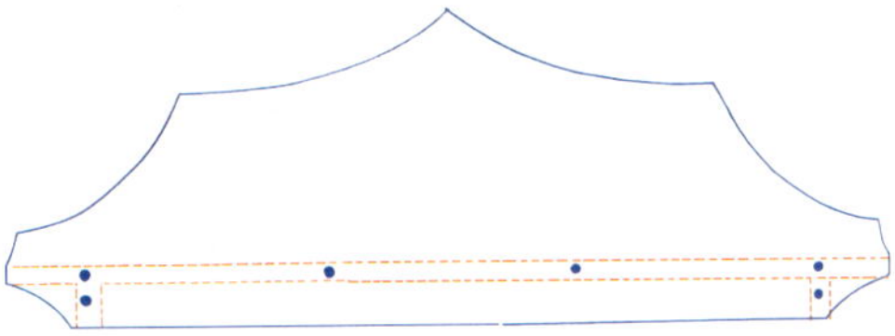

FIXATION DU DOSSERET
Notez l'emplacement des trous de vis. Si votre table n'a pas de cadre sous le plateau, fixez-y un tasseau.

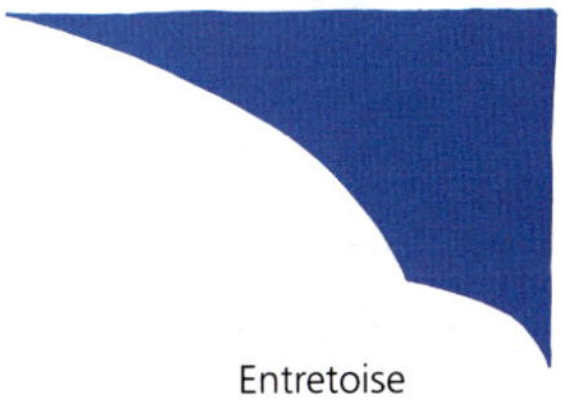

Entretoise

Pages 80-83 : de table en consoles

Pages 106-109 : rotin fleuri dans un jardin (motifs rose, poire et pêche)

Page 116 : miroir trésor de la mer

Tablette latérale (attention : l'échelle est différente de celle du dosseret)

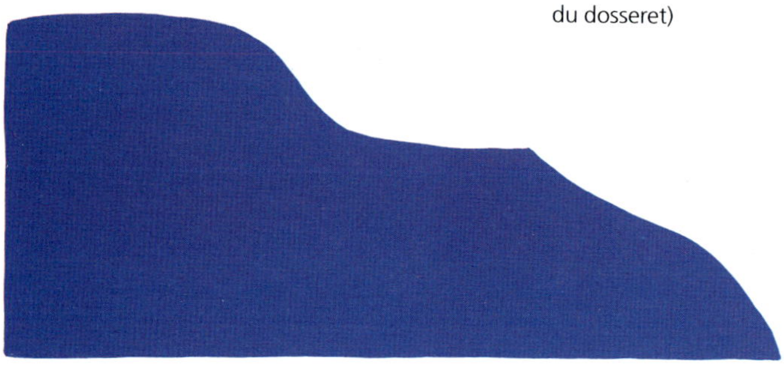

Dosseret des tablettes

Pages 118-121 : tête de lit impériale

Devant du ciel de lit (à l'échelle)

Socle des patères (attention : il n'est pas à la même échelle que le ciel de lit)

Côté du ciel de lit (à l'échelle)

Pages 122-125 : parure de lit à la mauresque

LES POCHOIRS BANNIÈRES
Les parties en bleu sont à évider sur chaque pochoir.
Il vous faudra chaque fois deux pochoirs par bannière. Guidez-vous sur l'illustration ci-contre. Attention : le premier pochoir de la rangée du milieu sera utilisé deux fois avec des couleurs différentes.

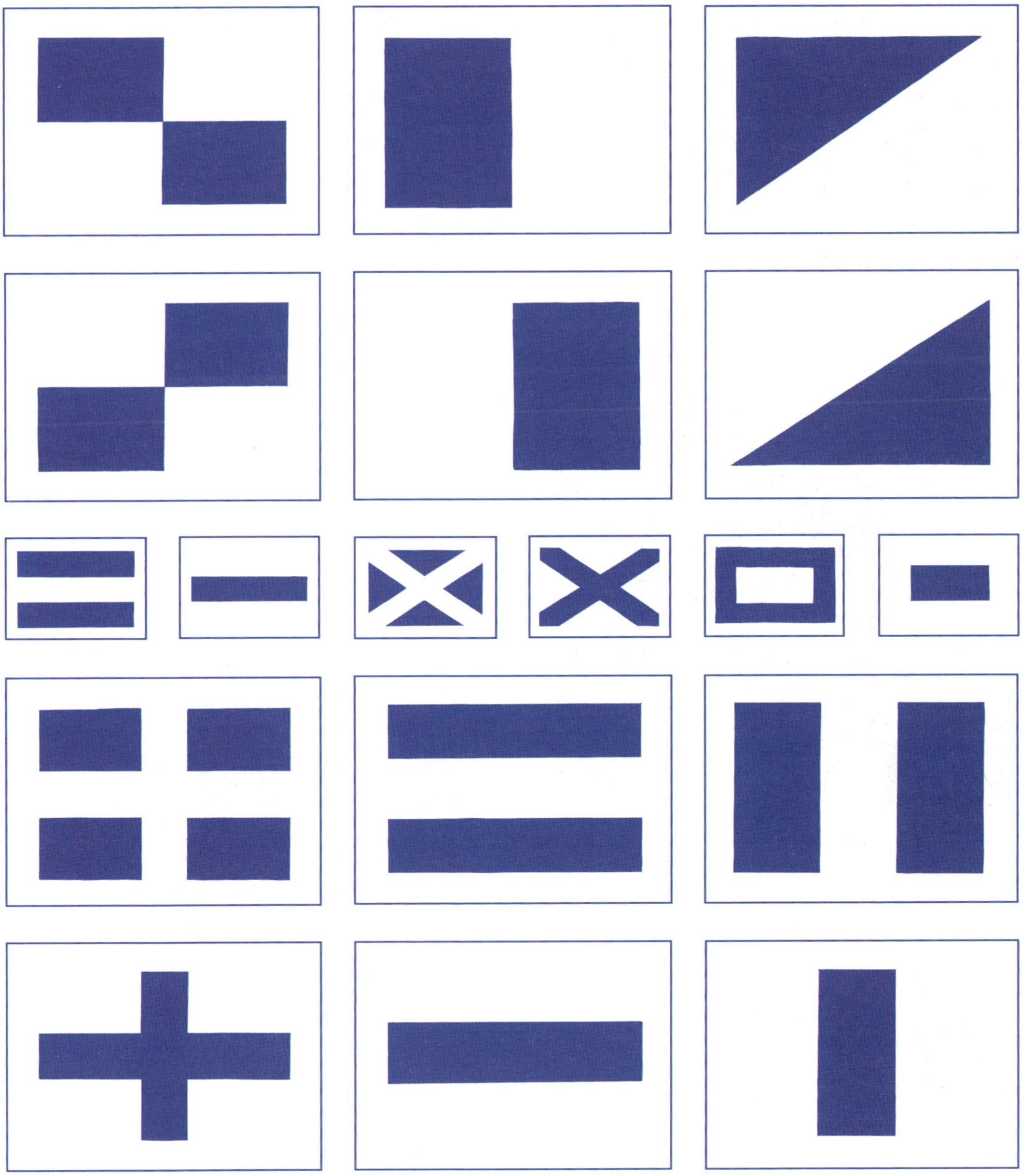

Pages 128-129 : bannières nautiques

POCHOIR MARGUERITE
Deux pochoirs (corolle et fond, plus un cache pour le centre). Découpez avec soin le cercle central et suivez les explications.

Pages 157-159 : motifs marguerite et étoile

Pages 170-171 : transatlantiques aux caractères japonais

Pages 174-176 : mosaïque

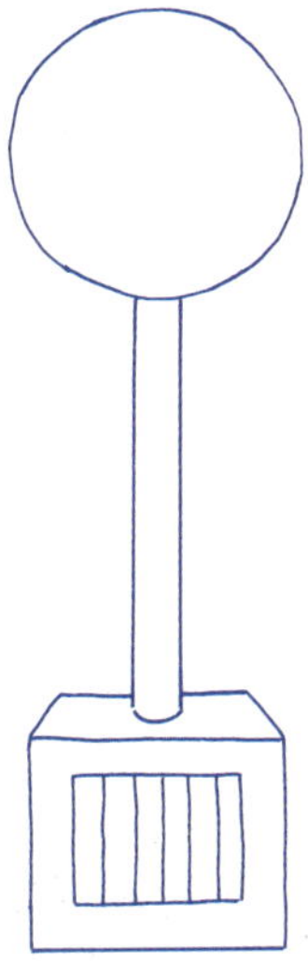

Pages 177-179 : métal repoussé

Pages 180-181 : verre sablé

ADRESSES UTILES

Les fournitures dont vous aurez besoin pour réaliser nos plans de rénovation de meubles sont extrêmement variées : elles vont du bois au détail à des feuilles de zinc, en passant par du verre à vitres et de la mousseline à rideaux ; vous utiliserez du thé et du café pour des patines artisanales, de la cire d'abeille, des perles, des coquillages et même des peintures pour carrosseries métallisées, à trouver dans un magasin d'accessoires pour automobiles –, sans oublier peintures, brosses et pinceaux.

Burach style décor
11, rue Faidherbe
75011 Paris
Tél. 01 43 72 12 18
Fax 01 43 72 01 28
Toutes les essences de bois au détail, y compris des bois exotiques, moulures de tous styles et modèles exclusifs sur commande, moulages en résine pour décoration.

BHV
52, rue de Rivoli, 75004 Paris
Tél. 01 42 74 90 00
Le grand magasin offrant le plus vaste choix pour le bricolage et la décoration, dans une gamme traditionnelle.

Castorama
13, rue Caulaincourt
75018 Paris
Tél. 08 01 33 64 70
(numéro vert)
La grande surface du bricolage. Vous y trouverez aussi des matériaux de construction.

Cléton
41, rue Saint-Sabin
75011 Paris
Tél. 01 47 00 10 41
Adresse postale BP 298
75525 Paris
Très grand choix de brosses et pinceaux de grande qualité, qui vous feront un long usage.

Dalbe
Cette chaîne regroupe plusieurs maisons réputées depuis fort longtemps pour la qualité de leurs fournitures.
• **Lavrut**
26, passage Choiseul
75002 Paris
Tél. 01 42 96 95 54
• **Astra**
45, rue des Archives
75002 Paris
Tél. 01 42 78 08 58
• **Berty**
49, rue Claude-Bernard
75005 Paris
Tél. 01 43 36 36 99
• **Dubois**
20-24 bis, rue Soufflot
75005 Paris
Tél. 01 43 54 43 60
• **Graphiscop**
8, boulevard Saint-Martin
75010 Paris
Tél. 01 42 02 05 56
• **Adam Montparnasse**
11, boulevard Edgar-Quinet
75014 Paris
Tél. 01 43 20 68 53
• **Sedic**
43, rue Hallé
75014 Paris
Tél. 01 43 27 60 20
• **Adam Montmartre**
96, rue Danrémont
75018 Paris
Tél. 01 46 06 60 38

Décor plus
1, place des Fêtes
75019 Paris
Tél. 01 42 49 22 26
Fax 01 42 45 77 13
Fournitures pour décorateurs : garantie de réussite de tous vos effets spéciaux.

La Droguerie
9, rue du Jour
75001 Paris
Tél. 01 45 08 93 27
Un merveilleux choix de mercerie, toutes les perles fantaisie, en bois, en métal ou en verre, les rubans, les cordelettes, les galons et les boutons qui apporteront la touche finale à vos réalisations en tissu.

Farrow and Ball
33 Uddens Trading Estate
Wimborne
Dorset BH21 7NL
01202 876141
Royaume-Uni
Ce fabricant, qui travaille sur commande pour le National Trust, l'équivalent britannique de nos Monuments nationaux, a reconstitué des peintures aux couleurs subtiles adaptées aux ambiances victoriennes.

Graphigro
Toutes fournitures pour arts plastiques : carte à pochoir, poudres métallisées de toutes nuances, peinture vitrail...
Plusieurs points de vente à Paris et en province :
• 133, rue de Rennes
75006 Paris
Tél. 01 42 22 51 80
Fax 01 45 44 70 00
• 157, rue Lecourbe
75015 Paris
Tél. 01 42 50 45 49
Fax 01 48 56 01 65
• 120, rue Danrémont
75018 Paris
Tél. 01 44 58 93 40
Fax 01 42 59 00 91
• 207, boulevard Voltaire
75011 Paris
Tél. 01 43 48 23 57
Fax 01 43 70 93 37
• 23, rue Childebert
69002 Lyon
Tél. 04 78 37 02 51
• 3, place Félix-Baret
13006 Marseille
Tél. 04 91 55 55 31
• 4, rue du 22-Novembre
67000 Strasbourg
Tél. 03 88 22 65 83
• 71, rue de Paris
59800 Lille
tél. 03 20 74 44 99
• 27, rue Salenques
31000 Toulouse
Tél. 05 61 23 73 46

Guimier
42, rue René-Boulanger
75010 Paris
Tél. 01 42 02 85 54
Le spécialiste de la moulure au mètre (un choix

extrêmement large) et de l'encadrement, qui propose aussi tous les bois à la coupe, du panneau de particules au chêne et à l'acajou. Vous serez aussi bien accueilli si vous venez acheter 1 m de latte que si vous commandiez 20 m de boiseries sur mesure. Moulures sur commande.

Leroy-Merlin
52, boulevard de Stalingrad
94400 Vitry-sur-Seine
Tél. 01 49 87 09 09
Toutes fournitures pour bricolage et matériaux de construction.

Marin S.A.
70, avenue Gabriel-Péri
94110 Arcueil
Tél. 01 47 40 04 20
Fax 01 47 40 93 99
Toiles, châssis, toutes les couleurs et les vernis, pinceaux et brosses : une maison bien connue des artistes et un accueil fort sympathique.
01 47 40 04 20

Monsieur Bricolage
34, rue de Reuilly
75012 Paris
Tél. 01 40 02 02 04
Bois et bois à la coupe, outillage, visserie, enduits, colles...

Nordin
216, rue du Faubourg-Saint-Antoine
75011 Paris
Tél. 01 43 72 38 35
Dans le quartier des ébénistes, le grand spécialiste des décapants et des produits miracle pour le bois.

Rougier et Plé
13, boulevard des Filles-du-Calvaire
75011 Paris
Tél. 01 42 72 82 91
Toutes les fournitures pour travaux manuels et artisanat d'art. Une institution parisienne.

La Théière de bois
5 bis, boulevard Exelmans
78000 Versailles
Tél. 01 39 53 72 85
Fournitures pour toutes finitions décoratives (glacis médiums, liants, vernis, gessos, cires à céruser) et pour la dorure. Couleurs à l'huile, couleurs acryliques, toiles, carte à pochoir, matériel pour reliure... Grand choix de chromos à transférer sur bois et porcelaine.

Sennelier
3, quai Voltaire
75007 Paris
Tél. 01 42 60 39 38
Couleurs broyées à l'huile, vernis et pigments traditionnels, toiles et cadres. On prendra le temps de vous écouter dans cette vieille maison parisienne.

Tissus Dreyfus
Déballage du marché Saint-Pierre
2, rue Charles-Nodier
75018 Paris
Tél. 01 46 06 92 25
Pour recouvrir vos canapés ou confectionner vos rideaux à des prix imbattables.

Tissus Reine
Marché Saint-Pierre
1, place Saint-Pierre
75018 Paris
Tél. 01 46 06 02 32
Tissus d'ameublement pour tous les goûts.

Vernis du Faubourg-Saint-Antoine
17, rue de Charonne
75011 Paris
Tél. 01 43 55 09 53
Papiers abrasifs, teintures, lazures, vernis : le spécialiste des produits pour le bois.

INDEX

REMERCIEMENTS

L'auteur remercie chaleureusement tous ceux qui ont permis que le présent ouvrage voit le jour : Mary Evans, Janet O'Shea et Rachel Gibson de Quadrille ; notre éditeur, Mary Davies ; Netty, Kate, Dee, Paul, Simon et Debs ; Debbie Patterson et Nicki Dowey pour leurs remarquables photographies ; Alf et Rob de Dimmock Bros ; l'auteur s'en voudrait d'oublier ses propres voisins, qui l'ont fréquemment aidée à transformer leur jardin commun en un vaste atelier.

Crédits photographiques

L'éditeur remercie les photographes et les organismes qui l' ont autorisé à reproduire gracieusement leurs documents :
6 haut Rodney Weidland / Belle / Arcaid ; 6 bas Dominic Blackmore / Idéal Home / Robert Harding Syndicaton. 7 Gilles de Chabaneix / stylisme C. de Chabaneix / Marie-Claire Idées. 8 haut Ray Main / armoire de la galerie David Gill, Londres ; 8 bas Ray Main / tissu contemporain : Lauren Shanley, Studio 4, Gabriel's Wharf, 56 Upper Ground, London SE1 9PP. 10-11 Geoffry Frosh / Homes and Gardens / Robert Harding Syndication. 46-47 Simon Brown / Interior Archive. 48 Trevor Richards / Homes and Gardens / Robert Harding Syndication. 49 haut Henry Wilson / Interior Archive ; 49 bas Gilles de Chabaneix / Stylisme C. de Chabaneix / Marie-Claire Idées. 136-137 J.L. Scotto / Agence Top. 138 David Parmiter. 139 haut Alexander van Berge / Ouders van Nu ; 139 bas Richard Bryant / Arcaid.

Les autres photographies sont de Debbie Patterson et les prises de vues en studio de Nicki Dowey. Les dessins du personnage en train de peindre sont de Clive Goodyer ; les autres illustrations de Liz Wagstaff.

Remerciements particuliers à :
Damask, Mail Order Dept, 7 Sullivan Enterprise Centre, Sullivan Road, London SW6 3DJ ; Rayment Wirework, The Forge, Minster, Kent ; Millenium, 1b-1d, High Street, Barnes, London SW13 9LB et 12 Abingdon Road, Kensington, London W8 6AF.